SCHRIFTEN REIHE NR. 4

SCHEIN
SELBSTSTÄNDIG

Freie Mitarbeit
in journalistischen Berufsfeldern

Deutscher Journalisten-Verband e.V.
– Gewerkschaft der Journalistinnen und Journalisten –

Die Deutsche Bibliothek – CIP-Einheitsaufnahme
Ein Titeldatensatz für diese Publikation ist bei
Der Deutschen Bibliothek erhältlich.

ISBN 3-935819-09-9

Herausgeber:
Deutscher Journalisten-Verband e.V.
– Gewerkschaft der Journalistinnen und Journalisten –
Bundesvorstand
Bennauerstraße 60
53115 Bonn
Tel.: 02 28/2 01 72 18
Fax: 02 28/24 15 98
E-Mail: hir@djv.de
Internet: www.djv.de/freie

Verantwortlich für den Inhalt:
Hubert Engeroff

Redaktion:
Michael Hirschler

Verlag:
DJV-Verlags- und Service-GmbH, Bonn

Herstellung:
Siering GmbH, Bonn

2., überarbeitete Auflage 2001

Inhaltsverzeichnis

Vorwort:
Drei alltägliche Geschichten

Donnerstag 17. Mai 1996. Der Wagen von Stefan M.* kommt auf der Bundesautobahn Göttingen – Hannover auf der Höhe von Northeim ins Schleudern, rammt die Leitplanke, überschlägt sich mehrfach. Ein weiterer Wagen fährt in das Wrack hinein. Stefan M. ist sofort tot.

Stefan M. hinterlässt seine Frau und drei Kinder im schulpflichtigen Alter. Seine Ehefrau ist nicht berufstätig. Schnell wird ihr klar, ihr normales Leben ist zu Ende. Denn sie hat nicht nur ihren langjährigen Partner verloren, sondern auch ihre soziale Absicherung. Stefan M. war zwar hochbezahlter Chefredakteur einer Zeitschrift. Dort galt er jedoch nur als freier Mitarbeiter.

Der Arbeitgeber von Stefan M. stellt die Gehaltszahlungen sofort ein: „Eine Verpflichtung zur Fortzahlung des Gehalts für eine Übergangsfrist besteht nicht." Die nächste Monatsmiete für die großzügige Wohnung im Herzen von Hannover kann Annette M. bereits nicht mehr zahlen. Noch begreift sie nicht, dass sie kündigen und umziehen muss. Dass sie zum Sozialfall geworden ist. Es geht schnell bergab. Und nur ein Ausweg in Sicht: Sozialamt, Sozialhilfe, Sozialwohnung.

Mittwoch, 20. August 1999. Journalistin Helga D.* ahnt, was ihre Ärztin ihr mitzuteilen hat. Heute liegt die Gewebeprobe vor. Die Ärztin redet nicht drum herum. „Sie haben Darmkrebs und wir müssen sofort operieren. Dann werden Wochen der Chemotherapie folgen. Sie müssen jetzt sehr stark sein."

Monate später. Die Operation war erfolgreich, doch es folgen anstrengende Therapien. Helga D. kann nicht mehr arbeiten. Finanziell ist sie am Rande des Ruins. Grund: Die Berufsunfähigkeitsrente wird nicht bewilligt. Denn Helga D. galt bei ihrer Zeitung als freie Mitarbeiterin, obwohl sie ständig in der Redaktion arbeitete. Mit festen Arbeitszeiten und Schreibtisch. Die Zeitung hatte sie nicht bei der Krankenkasse gemeldet. Auch als Helga D. das seinerzeit verlangt hatte, hatte der Personalchef gesagt, sie müsse sich selbst um die Versicherung kümmern.

Die Künstlersozialkasse (KSK), die für freie Journalisten zuständig ist, hatte den Aufnahmeantrag von Helga D. abgelehnt. Die KSK sagte, Helga D. sei keine freie Mitarbeiterin, sondern Arbeitnehmerin der Zeitung. Doch anstatt dafür zu sorgen, dass Helga D. nun von ihrem Arbeitgeber angemeldet wurde, unternahm die KSK nichts Weiteres.

Helga D. fand sich mit ihrer Situation nicht ab. Sie versicherte sich freiwillig bei der gesetzlichen Krankenkasse. Als sie nun in die Krebstherapie ging, bewilligte die Krankenkasse zunächst das Krankengeld. So konnte Helga D. ihre Wohnung weiter finanzieren. Doch für die Berufsunfähigkeitsrente und Kuren für die berufliche Rehabilitation ist die Krankenkasse nicht zuständig. Solche Maßnahmen laufen über die Bundesversicherungsanstalt für Angestellte. Die BfA hatte jedoch den Antrag auf freiwillige Versicherung abgelehnt, weil Helga D. nicht die notwendige Frist von drei Monaten eingehalten hatte. Helga D. hatte zwar einen Grund für die Nichteinhaltung der Frist: In jenen drei Monaten hatte sie vergeblich auf eine positive Entscheidung der KSK gewartet. Doch das wurde in diesem Falle nicht als Entschuldigung anerkannt. Daher werden die Anträge für Maßnahmen zur Rehabilitation nicht bearbeitet. Jetzt fragt sich Helga D.: Wie kann ich die Kur finanzieren?

Montag, 6. Januar 2000. Für Herbert P.* ist eine Welt zusammengebrochen. Seit 20 Jahren ist er Rundfunkredakteur bei einer öffentlich-rechtlichen Sendeanstalt, moderiert und recherchiert Beiträge für eine Kultursendung. „...Beenden wir unser Vertragsverhältnis ...“, steht in dem Brief, der ihm heute per Kurier ins Haus gebracht wurde. Sender und Programm werden umgestaltet. Junge Gesichter sollen vor die Kamera. Die Themen von 50jährigen zählen nicht mehr.

Herbert P. ist freier Mitarbeiter beim Sender. Dabei hat er bisher genau die gleichen Aufgaben wie festangestellte Redakteure ausgeübt. Herbert P. hat sich jedoch am Status als freier Mitarbeiter nie wirklich gestört. Schließlich gab es beim Sender ja trotzdem Urlaub. Und die Honorare waren auch nicht schlecht. Doch jetzt?

Herbert P. ist verheiratet und hat zwei Kinder, die sich noch in der Berufsausbildung befinden. Er unterstützt sie dabei mit jeweils 250 € im Monat. Die Hypothek für das lang ersehnte Eigenheim schlägt monatlich mit 1.000 € zu Buche. Viel Luft blieb da ohnehin nie. Und für ein finanzielles Reservepolster hat es auch nicht gereicht.

Das Kündigungsschutzgesetz schützt Herbert P. nicht. Jedenfalls dann nicht, wenn er wirklich freier Mitarbeiter war. Ob er jetzt noch einmal darauf pochen kann, dass er in Wirklichkeit Arbeitnehmer war? Ob dann der Personalrat zuständig ist und die Zustimmung zur Kündigung verweigert?

Drei Fälle. Sie alle dokumentieren: Falsche freie Mitarbeit ist kein Kavaliersdelikt von Arbeitgebern, sondern ein Betrug um soziale Sicherheit. Nicht nur an den Mitarbeitern selbst, sondern auch an ihren Angehörigen.

Fast in jedem Medienbetrieb in Deutschland sind falsche freie Mitarbeiter zu finden. Grund: Für Arbeitgeber ist falsche freie Mitarbeit äußerst lukrativ, sie sparen dadurch tariflich vereinbarte Gehälter, Sozialversicherungsabgaben und auch Steuern. Außerdem ist dadurch „hire and fire“ möglich, als wäre man noch im 19. Jahrhundert.

Die Arbeitgeber profitieren auch von der Begeisterung der Mitarbeiter für den Beruf und der damit verbundenen Hoffnung, durch eine freie Mitarbeit irgendwann doch zu einer festen Anstellung zu gelangen. Eine Hoffnung, die von Arbeitgebern häufig bewusst ausgenutzt und enttäuscht wird. Für Freie in der „Warteschleife Volontariat" heißt das oft: Endstation Hoffnung.

Wer längere Zeit in den Medien gearbeitet hat, weiß: Der Nimbus des „jungen Wilden" ist schnell aufgebraucht. Das nächste Gesicht wird gesucht, der eben noch begehrte Mitarbeiter ins Abseits gestellt. „Man kann doch nicht alle Mitarbeiter ab dem Alter von 50 erschießen", klagt ein älterer Journalist.

Erschossen wird auch keiner. Es gibt einfach keine Aufträge mehr. Kein Wunder, dass vielen „Freien" gerade im Alter oder bei Kündigung einfällt, dass sie Arbeitnehmer sind. Dann klagen sie vor dem Arbeitsgericht auf Weiterbeschäftigung. Doch nicht alles kann gerichtlich repariert werden. Wer nirgendwo Rentenansprüche angespart hat, wem nach Verlust des Arbeitsplatzes wegen hoher laufender Zahlungsverpflichtungen die private Lebensversicherung von der Bank gepfändet wurde oder wer durch Unfall oder schwere Krankheit berufsunfähig wurde – dem helfen die langwierigen Klagewege oft wenig. „Das Spiel ist aus", heißt es hier häufig.

Daher ist wichtig, dass sich die betroffenen „Freien" frühzeitig mit ihrer Gewerkschaft und Betriebs-/Personalrat für ihren Arbeitnehmerstatus einsetzen. Genauso wichtig ist natürlich, dass die Politik unser Rechtssystem so ändert, dass der Betrug an den Beschäftigten durch falsche freie Mitarbeit kein Kavaliersdelikt bleibt. Bestrebungen, den Arbeitnehmerstatus im Medienbereich teilweise oder ganz abzuschaffen, muss energisch entgegengetreten werden.

Diese Broschüre soll Hilfestellung geben für freie Mitarbeiter, Betriebs-/Personalräte und auch Auftrag-/Arbeitgeber. Sie soll klar machen, wann eine Mitarbeit als Arbeitsverhältnis einzustufen ist und welches die Voraussetzungen für eine selbstständige Mitarbeit sind.

Dass bereits im Jahr 2001 die zweite Auflage dieses Ratgebers notwendig war, zeigt, wie wichtig dieses Thema bleibt.

Bonn, im Oktober 2001

*Namen, Ortsangaben und Arbeitgeberbezeichnungen aus Datenschutzgründen abgeändert. Derartige Vorgänge haben sich allerdings unter vergleichbaren Bedingungen tatsächlich abgespielt. An deutschen Medienhäusern, innerhalb der letzten zehn Jahre.

I. Sozialer Schutz für Beschäftigte – per Gesetz und Gericht

Wer als Arbeitnehmer beschäftigt wird, ist oft in einer schwächeren Verhandlungsposition als der Arbeitgeber: Arbeitsplätze sind Mangelware. Viele Arbeitgeber nutzen diese Situation zu ihrem Vorteil aus. Verträge und Arbeitsbedingungen werden zum Nachteil der Mitarbeiter geregelt. Sich dagegen zu wehren, fällt vielen Arbeitnehmern schwer. Denn das wesentliche Einkommen stammt meist aus dem Arbeitsverhältnis. Fällt es weg, steht die Existenz auf dem Spiel.

Der Gesetzgeber versucht, durch gesetzlichen Zwang für soziale Arbeitsbedingungen zu sorgen. Im **Arbeitsrecht** sind Schutzvorschriften geregelt wie z.B. Lohnfortzahlung bei Krankheit, Kündigungsschutz oder bezahlter Mindesturlaub. Im **Sozialversicherungsrecht** sind Regelungen zur versicherungsmäßigen Absicherung von Beschäftigten enthalten, so z.B. im Fall von Krankheit, Pflegebedürftigkeit, Arbeitsunfällen, Arbeitslosigkeit oder Alter.

Arbeitsrecht und Sozialversicherungsrecht sind vom **sozialen Schutzgedanken** geprägt. Geschützt werden sollen Arbeitnehmer, die in persönlicher Abhängigkeit von ihrem Arbeitgeber arbeiten und in dessen Betrieb eingegliedert sind. Da seit mehr als 100 Jahren streitig ist, wann denn diese Schutzbedürftigkeit vorliegt, gibt es zahlreiche wegweisende Entscheidungen des Bundesarbeits- und Bundessozialgerichts.

Die Entscheidungen der obersten Arbeits- und Sozialgerichte sind in wesentlichen Punkten gleichlautend, auch wenn die Arbeitsgerichte von „Arbeitnehmern" sprechen, die Sozialgerichte die gleichen Personen dagegen als „Beschäftigte" bezeichnen.

Arbeits- und Sozialversicherungsrecht sind **verbindliches Gesetz**. Daher kommt es in vielen Punkten gar nicht darauf an, was Arbeitgeber vertraglich festlegen. Ob eine Mitarbeit im Vertrag als „frei" oder „selbstständig" bezeichnet wird, spielt für die Gerichte keine Rolle. Es kommt entscheidend darauf an, was der Mitarbeiter im tagtäglichen Geschäftsleben **tatsächlich** machte (BAG 5 AZR 347/97, BB 1998, 1849).

Der Gesetzgeber hat allerdings auch die Selbstständigen nicht der freien Wildbahn des Wirtschaftslebens überlassen. Selbstständige Journalisten gehören in die Künstlersozialkasse, arbeitnehmerähnliche freie Journalisten haben einen gesetzlichen Urlaubsanspruch und können Tarifverträgen unterliegen. Bedauerlicherweise ist der soziale Schutz für diese Selbstständigen im Ergebnis jedoch erheblich geringer als bei Arbeitnehmern.

II. Arbeitsrecht:
Wer ist Arbeitnehmer?

1. Das allgemeine Arbeitsrecht

Die Juristen sagen: „Arbeitnehmer ist derjenige, der persönlich von seinem Auftraggeber abhängig ist." Gemeint ist damit nicht die *wirtschaftliche Abhängigkeit*. Wirtschaftlich abhängig sind auch viele echte Selbstständige von ihren Auftraggebern.

Gemeint ist mit der *persönlichen Abhängigkeit* die eigene Unselbständigkeit bei der Arbeit: Der Arbeitgeber hat hier das Sagen. Arbeitnehmer müssen diejenige Arbeit erledigen, die ihnen der Arbeitgeber zuweist. Sie müssen die Arbeit auf diejenige Art und Weise erledigen, die der Arbeitgeber fordert. Sie müssen dort arbeiten, wo der Arbeitgeber es verlangt. Und sie müssen zeitlich so lange tätig sein, wie es der Arbeitgeber festlegt. Sie nehmen nicht gleichberechtigt am wirtschaftlichen Risiko und Erfolg des Arbeitgebers teil, können keine eigenen Mitarbeiter einstellen, dürfen nicht ohne Weiteres für andere arbeiten.

Kurzformel = Je fester, desto Arbeitnehmer!

Ein typischer Arbeitnehmer kann nicht sagen: „Ich erledige meine Arbeit von der Insel Mallorca aus und schicke meine Arbeit per ISDN an den Betrieb. Ich will nicht mit diesem langsamen PC arbeiten, sondern kaufe mir einen neuen Apple Macintosh. Ich fange heute um 4 Uhr morgens mit der Arbeit an, damit ich um 12 Uhr ins Schwimmbad gehen kann. Ich suche mir einen neuen Kundenkreis und ändere auch die komplette Geschäftskonzeption."

Faustregel: Ein typischer Arbeitnehmer ist in den Betrieb eingegliedert und arbeitet nach verbindlichen Weisungen.

Doch es gibt auch „untypische" Arbeitnehmer: Viele Redakteure arbeiten mit hoher Eigenständigkeit und -initiative, können ihre Arbeit im Wesentlichen selbst gestalten und sind auch fachlich die „Chefs" ihres Themengebiets. Kurz: Sie machen das Programm. Doch auch sie sind häufig Arbeitnehmer, weil der Arbeitgeber sie immer noch kontrolliert und reglementiert. Nur sind die Weisungen hier diskreter, weniger spürbar: Dienstzeit wird nicht vorgegeben – sie wird schlicht erwartet. Inhaltliche Vorgaben werden nicht gemacht – doch bei Kritik aus der Leserschaft kracht es. Private Abstecher während der Arbeit können gemacht werden – weil eine Abgrenzung von Privat- und Arbeitsleben, von Werktag und Wochenende angeblich ohnehin nicht zum Job passt.

Beispiel 1: Journalist A arbeitet montags bis freitags in der Redaktion der Zeitschrift Z. Er ist dort von 10 bis 21 Uhr tätig, hat einen festen Arbeitsplatz. Sein Aufgabengebiet ist klar umrissen, er arbeitet im Team mit anderen Angestellten.

Rechtslage: A ist Arbeitnehmer, weil er fest in den Betrieb der Z eingegliedert ist.

Beispiel 2: Journalist B ist Fotograf für die Tageszeitung T. Er arbeitet mehr oder weniger „rund um die Uhr" für T. Er hat kein festes Büro, weil er ständig unterwegs ist. In der Redaktion hält er sich nur auf, um die nächsten Aufträge entgegenzunehmen und zwecks Fotoarbeiten im Labor. Er hat keinen Arbeitsvertrag. In der Praxis kann er sich nicht erlauben, für andere zu arbeiten. Denn dann würde die Zeitung die Zusammenarbeit beenden. Selbst wenn er nur einige Minuten zu Besprechungen in der Redaktion zu spät kommt, gibt es Probleme.

Rechtslage: B ist Arbeitnehmer, obwohl er keinen Arbeitsvertrag hat. Denn er ist in den Betrieb der Tageszeitung eingegliedert. Dabei kommt es nicht darauf an, dass er kaum oder wenig in den Redaktionsräumen arbeitet.

Beispiel 3: Journalistin D arbeitet für die Redaktion R als freie Mitarbeiterin rund 20 Stunden in der Woche. Die meiste Zeit recherchiert sie außerhalb der Redaktion und nimmt Termine wahr. Gelegentlich nimmt sie auch an Redaktionskonferenzen teil. Aufträge werden ihr auf einer solchen Konferenz, bei sonstiger Anwesenheit in der Redaktion oder telefonisch erteilt. Sie gibt ihre Texte auch meistens in der Redaktion in den Computer ein und bearbeitet sie dort. Ihre Mitarbeit und Anwesenheit wird von der Redaktion stillschweigend vorausgesetzt. Bei Krankheit muss sie sich in der Redaktion krank melden, Urlaub ist vorher abzusprechen.

Rechtslage: Die D ist erheblich in den Betriebsablauf der R eingebunden, da sie nach einem „unsichtbaren" ständigen Dienstplan tätig ist und die enge Bindung an die Redaktion auch durch die Teilnahme an Arbeitskonferenzen und Präsenz im alltäglichen Betriebsablauf deutlich wird.

Beispiel 4: Journalist E arbeitet unregelmäßig für die Redaktion der Tageszeitung T. Die Redaktion schickt ihn je nach Bedarf zu regionalen Sportereignissen, Gemeinderatssitzungen und anderen lokalen Events. Wenn E nicht kann, wird ein anderer freier Mitarbeiter eingesetzt – oder die Redakteure müssen selbst hin. Außerdem wählt E selbst bestimmte Themen aus, über die er berichtet. Zeitlich ist er damit etwa 15 Stunden in der Woche für die Zeitung tätig. In der Ferienzeit übernimmt er gelegentlich

Urlaubsvertretungen, d.h. arbeitet am Arbeitsplatz der Redakteure und erledigt deren Aufgaben, koordiniert also auch die übrigen freien Mitarbeiter. Das macht im Jahr bis zu zwei Monate aus, hängt aber stets von der Urlaubsplanung der Redaktion ab. Es gab auch schon Jahre ohne Urlaubsvertretung. Nach zehn Jahren kommt ein neuer Redakteur, der mit E nicht mehr zusammen arbeiten will. E fragt, ob er Arbeitnehmer ist und damit Kündigungsschutz hat.

Rechtslage: E ist für die Terminberichterstattung nicht fest eingeplant, weil er Einsätze stets ablehnen kann. Daher ist er bei dieser Mitarbeit als selbstständig anzusehen. Die Tätigkeit als Urlaubsvertretung in der Redaktion ist wegen der damit notwendigen Eingliederung in die Arbeitsweise, Dienstpläne und Konferenzen der Redaktion als Arbeitnehmertätigkeit anzusehen. Allerdings ist diese Urlaubsvertretung sehr unregelmäßig und in wechselndem Umfang erfolgt, so dass auch hier keine Dauervertragsbeziehung bejaht werden kann. Der E ist daher hinsichtlich der Urlaubsvertretungen nur als Aushilfe anzusehen. Eine Verpflichtung der Tageszeitung zum weiteren Einsatz von E als Urlaubsvertretung besteht daher nicht.

Hinsichtlich der übrigen freien Tätigkeit kann allerdings möglicherweise ein Anspruch auf Einhaltung einer Kündigungsfrist bestehen, wenn E als *arbeitnehmerähnlicher* freier Journalist der Tageszeitung angesehen werden kann. Einen Kündigungsschutz wie Arbeitnehmer haben arbeitnehmerähnliche Freie aber nicht. Daher ist das Vertragsverhältnis spätestens nach Ablauf der Kündigungsfrist beendet. ☛ *Kapitel V, Arbeitsrecht: Was ist ein Arbeitnehmerähnlicher?*

2. Freie im Rundfunk – kein Sonderfall

Auch viele Mitarbeiter im Rundfunk werden als freie Mitarbeiter beschäftigt, obwohl sie wie Arbeitnehmer in den Betrieb eingebunden sind. Hintergrund: Seit Jahrzehnten bekämpfen die Rundfunksender - allen voran die öffentlich-rechtlichen Sendeanstalten – das geltende Arbeitsrecht, weil sie behaupten, es würde sie bei der Erfüllung ihres Programmauftrags beeinträchtigen. Argumentation: Mitarbeiter müssen schnell ausgetauscht werden, damit das Programm politisch und auch allgemein inhaltlich abwechslungsreich bleibt.

Natürlich sind diese Argumente an den Haaren herbeigezogen, denn auch andere Medien ändern ihre Inhalte häufig, ohne dass das Arbeitsrecht hierbei ein wirkliches Hindernis wäre. Doch bei den Gerichten haben einige Argumente der Rundfunksender inzwischen Gehör gefunden. So hat das Bundesverfassungsgericht entschieden, dass Journalisten, die das Programm entscheidend inhaltlich gestalten, mit befristeten Verträgen angestellt werden können – oder unter bestimmten weiteren Voraussetzungen gleich ganz als „frei" gelten. Immerhin wurde nicht gleich das ganze Arbeitsrecht für ungültig erklärt: Zuletzt im Februar 2000 scheiterte eine Sende-anstalt mit einer Klage beim Bundesverfassungsgericht, die sich durch die Anwendung des Arbeitsrechts auf ihre Mitarbeiter grundsätzlich in ihrer Rundfunkfreiheit bedroht wähnte. In Kurzform: Das Bundesverfassungs-gericht urteilte, dass das Arbeitsrecht den Rundfunkanstalten genug Flexi-bilität lasse, um ihren Programmauftrag zu erfüllen (Bundesverfassungs-gericht, Beschluss vom 18. Februar 2000, Az.: 1 BvR 491/93, 1 BvR 562/93, 1 BvR 624/98, NZA 2000, 653 = DJV-Datenbank Juri Nr. 10901).

Die Geltung des Arbeitsrechts im Rundfunk wurde vom Bundesarbeitsge-richt im September 2000 jedoch wieder in Frage gestellt. Weil die Tarifver-träge am Hessischen Rundfunk nach Meinung des Gerichts einen ausrei-chenden Sozialschutz boten, könne man den Arbeitnehmerbegriff zugunsten der Rundfunkfreiheit im Medienbereich zurückhaltend auslegen (BAG, Urteil vom 20. September 2000, 5 AZR 61/99, NZA 2001, 551). Jour-nalisten können keine Arbeitnehmer sein – dieser alte Traum von Arbeitge-bern wird bei Fortsetzung dieser Rechtsprechung noch in Erfüllung gehen!

Immerhin gilt nach wie vor: Auch Journalisten, die das Programm gestalten, sind dann als Arbeitnehmer anzusehen, wenn der Sender über die Arbeits-zeit der Journalisten verfügt, d.h. entweder ständige Dienstbereitschaft erwartet oder der Mitarbeiter ohne gesonderte Vereinbarungen zur Arbeit herangezogen wird, ihnen die Arbeit also letztlich zugewiesen wird. Und ein großer Teil der Rundfunk-Freien arbeitet nach festen Dienstplänen, – bei vie-len anderen wird die ständige Einsatzbereitschaft selbstverständlich vor-ausgesetzt.

Kurzformel: Auch im Rundfunk – je ständiger, desto Arbeitnehmer!

Beispiel 5: Journalistin C arbeitet beim Sender S als Redakteurin für die Sendung „Nachrichten Aktuell". Sie stellt an zwei Arbeits-tagen pro Woche aktuelle Nachrichten für die Sendung zusammen und moderiert anschließend die Sendung. Dabei wird von der Redaktion erwartet, dass C feste Arbeitszeiten einhält, im Büro der Senderredaktion arbeitet und an Redaktionskonferenzen teil-nimmt. Ein schriftlicher Dienstplan besteht nicht, allerdings gibt es Ärger und Vorhaltungen, wenn C an den beiden Tagen nicht in der redaktionsüblichen Kernarbeitszeit zwischen 10 – 19 Uhr anwe-send ist.

Rechtslage: Da C nach festen Vorgaben des Senders arbeitet, gilt sie als Arbeitnehmerin des Senders.

Beispiel 6: Journalistin D arbeitet beim Sender T als Mitarbeiterin im „Buchtipp". Sie erstellt und moderiert die Beiträge, die einmal pro Woche innerhalb von zehn Minuten gesendet werden. Die Bücher liest sie meist zuhause, dort schreibt sie auch die Rezen-

sionen. **Zwei Tage pro Woche hält sie sich im Sender auf, um im Archiv Material zu besorgen, etwa andere Besprechungen oder weitere Werke der jeweiligen Autoren.** Anschließend stellt sie Filmmaterial zusammen, mit denen sie die Rezension visuell unterstützt. Sie bucht weiterhin ein Tonstudio, um die eigenen Texte aufzunehmen. Die fertigen Beiträge (Filmaufnahmen, Rezension-Ton, Geräusche) werden dann von der zuständigen Redakteurin R abgenommen. Gelegentlich muss D auf Anweisung von R noch etwas an ihren Beiträgen ändern. Nachdem die Sendung freitags abgenommen wurde, wird die Sendung montags gesendet. In der übrigen Zeit kann D selbst entscheiden, wann und wo sie die Beiträge zusammenstellt.

Rechtslage: Journalistin D ist keine Arbeitnehmerin, da sie trotz erheblicher zeitlicher Belastung selbst über ihren Arbeitsalltag entscheiden kann. Sie kann Arbeitszeit und -ort weitgehend selbst festsetzen. Zwar hat sie einen festen Abgabetermin für ihre Produktion, doch Fertigstellungsfristen sind auch bei Selbstständigen möglich (Fall nachgebildet nach BAG 5 AZR 644/98, NZA 2000, 1102).

Jedoch selbst wenn die Rechtslage klar ist, kann der arbeitsrechtliche Arbeitnehmerstatus für die Freien im Rundfunk häufig nicht einfach durchgesetzt werden. Denn an vielen öffentlich-rechtlichen Sendern werden Mitarbeiter nur noch mit einer begrenzten Tageszahl eingesetzt bzw. abgerechnet. Mitarbeiter erhalten eine Höchstzahl von Arbeitstagen – meist zwischen vier bis acht Arbeitstagen. Die genaue Zahl richtet sich nach dem zu erwartenden – prognostizierten – Arbeitsbedarf. Diese einem Mitarbeiter erlaubte Tageszahl heißt im Sender-Jargon „Prognose".

Die Sender haben diese Prognose erfunden, um sich vor Festanstellungsklagen zu schützen: Wer z.B. nur acht Tage im Monat arbeiten darf, wird sich bei einer späteren Festanstellungsklage keine Vollzeitstelle vor Gericht erkämpfen können, sondern eben nur eine Teilzeitstelle von acht Tagen im Monat. Und nicht mit gleichem Honorar wie vorher, sondern auf Basis von ca. 8/22 des Tarifgehalts – also meist nicht einmal einem Drittel des Honorars als Freie/r! Dafür geht kaum ein „falscher" Freier vor Gericht.

Chancen haben solche „Prognose-Freien" allenfalls dann, wenn sie trotz der Prognose in Wirklichkeit viel länger für die Anstalt gearbeitet haben. Nicht wenige Rundfunkanstalten rechnen bei Mitarbeitern, die jeden Tag im Monat für den Sender gearbeitet haben, nur vier bis sechs offizielle Einsatztage ab! Wenn der Mitarbeiter diese falsche Abrechnungspraxis nachweisen kann, hat er bei einer Klage bessere Chancen auf eine Vollzeitstelle.

Ein weiterer Grund für die arbeitsrechtliche Misere: Manche Freie haben „Rahmenverträge" und dürfen auch offiziell mehr als acht Tage im Monat arbeiten. Doch da die Verträge auf drei Jahre befristet sind, führt eine Festanstellungsklage häufig nur dazu, dass die Festanstellung dann für diesen Dreijahreszeitraum zugesprochen wird. Danach ist Schluss.

Natürlich: Auch Befristungen können in Frage gestellt werden, wenn es für sie keinen sachlichen Grund gibt. Die Sender haben es jedoch in verschiedenen Prozessen geschafft, sich ihre Befristungspraxis gerichtlich absegnen zu lassen. Begründung der Gerichte: Die grundgesetzlich garantierte Rundfunkfreiheit könne nur garantiert werden, wenn eine hohe programmliche Flexibilität gewährleistet sei (BAG 7 AZR 128/91, AfP 1992, 395, AP 144 zu § 620 BGB befristeter Arbeitsvertrag, DJV-Datenbank Juri Nr. 2273, BAG 5 AZR 627/93, DJV-Datenbank Juri 9609). „Hire and fire" macht Meinungsfreiheit – so hilflos war das Arbeitsrecht selten.

Wer in einigen Sendern mehr als drei Jahre arbeiten will, muss dort übrigens nach Ablauf der drei Jahre nach Willen der Sender mindestens 4 Monate Pause machen. All dies nur, um wiederum arbeitsrechtliche Ansprüche zu verhindern. Denn einige Gerichte hatten geurteilt, dass neue Befristungen, die unmittelbar aufeinander folgen, für einen Missbrauch der Befristung sprechen. Freie Mitarbeiter mit Rahmenverträge sollten sich daher in jedem Fall rechtzeitig vor Auslaufen ihrer Verträge darüber informieren, ob und für welchen Zeitraum solche Sperren geplant sind.

3. Indizien für den Arbeitnehmerstatus

Für die **Arbeitnehmereigenschaft** sprechen nach bisheriger Rechtsprechung folgende Indizien:

- die Tätigkeit ist in hohem Maße durch Routinearbeit geprägt und bietet keinen wesentlichen Freiraum (BAG AZR 162/74, AP 15 zu § 611 Abhängigkeit),
- der Mitarbeiter ist arbeitsbegleitenden Arbeitsanweisungen unterworfen, deren Einhaltung ggf. auch kontrolliert wird (ebenda),
- der Mitarbeiter wird im Voraus nach einem Dienstplan (oder Schichtenplan) zur Arbeit eingeteilt, kann also nicht frei mit anderen Aufträgen von anderen Auftraggebern disponieren (BAG 5 AZR 627/93, AP 73 zu § 611 Abhängigkeit = DJV-Datenbank Juri Nr.9609; BAG 5 AZR 704/93, AP 74 zu § 611 Abhängigkeit),
- der Mitarbeiter wird nach einseitig vom Arbeitgeber aufgestellten Dienstplänen eingesetzt, die tatsächlich im Wesentlichen eingehalten werden, auch wenn der Arbeitgeber erklärt, die Pläne seien „unverbindlich" (BAG 5 AZR 756/93, ZUM 1996, 824 = DJV-Datenbank Juri Nr. 10201),
- es besteht ständige Dienstbereitschaft ohne das Recht, einen Auftrag wegen anderer Tätigkeiten abzulehnen oder zu beeinträchtigen (BAG 5 AZR 293/78, AP 35 zu § 611 Abhängigkeit),

- der Mitarbeiter erhält so enge Terminvorgaben, dass er letztlich über die Arbeitszeit nicht mehr disponieren kann (BAG 5 AZR 154/94, BB 1998, 1590, NZA 1998, 839, DJV-Datenbank Juri Nr. 10425),

- der Mitarbeiter muss in der praktischen Handhabung auf Anforderung jederzeit zur Verfügung stehen (ebenda),

- der Mitarbeiter gehört zu einem „Pool" von Mitarbeitern, deren regelmäßige Verfügung letztlich vorausgesetzt wird, selbst wenn die „Pool"-Mitarbeiter die konkreten Termine untereinander verteilen (ebenda),

- fehlende Zeitsouveränität von Bildjournalisten, weil laut Vertrag an 22 Tagen im Monat gearbeitet werden muss, außerdem eine vertragliche Exklusivklausel (LAG Berlin 11 Sa 64/98; 11 Sa 100/98 = DJV-Datenbank Juri Nr. 10747),

- der Mitarbeiter darf für andere Auftraggeber nur nach Mitteilung tätig werden (BAG 5 AZR 293/78, AP 35 zu § 611 Abhängigkeit),

- Terminvorgaben werden so eng gesetzt, dass letztlich die Disposition des Auftragnehmers über seine Arbeitszeit nicht möglich ist und die Vertragspartner nach der praktischen Handhabung davon ausgehen, der Auftragnehmer müsse auf Anforderung jederzeit zur Verfügung stehen (BAG 7 ABR 25/91, BB 1992, 1491),

- Der Mitarbeiter dient zur Abdeckung eines Dauerbedarfs und wird häufig und über einen längeren Zeitraum (mehr als sechs Monate) ohne größere Unterbrechungen herangezogen und hat von seinem Recht, Aufträge abzulehnen regelmäßig keinen Gebrauch gemacht und kann deswegen darauf vertrauen, auch in Zukunft herangezogen zu werden (BAG 5 AZR 92/97, AiB 1999, 657 = DJV-Datenbank Juri Nr. 10752),

- Genehmigungsbedürftigkeit des Urlaubs, weil sie ein Indiz für ständige Dienstbereitschaft ist (BAG 5 AZR 123/92 = BB 1993, 32 = DJV-Datenbank Juri Nr. 9204),

- die Teilnahme an einer Redaktionskonferenz ist Pflicht (BAG 5 AZR 627/93, AP 73 zu § 611 Abhängigkeit = DJV-Datenbank Juri Nr. 9609),

- alle anderen Mitarbeiter sind Arbeitnehmer (BAG 5 AZR 445/74, AP 17 zu § 611 Abhängigkeit),

- die Bezeichnung als „freie Mitarbeiter", aber tatsächliche Behandlung als Arbeitnehmer, wenn der Arbeitgeber von dieser Behandlung als Arbeitnehmer weiß oder sich nach den Grundsätzen der Anscheins- oder Duldungsvollmacht zurechnen lassen muss (BAG 5 AZR 627/93, AP 59 zu § 611 Abhängigkeit, BAG AP 73 zu § 611 Abhängigkeit = DJV-Datenbank Juri Nr. 9609),

- der Mitarbeiter wirkt zwar an dem Programm gestalterisch mit, unterliegt dabei aber weitgehenden inhaltlichen Weisungen, ihm bleibt also nur ein geringes Maß an Gestaltungsfreiheit, Eigeninitiative und Selbständigkeit, insbesondere bei Tätigkeit als Sprecher, Aufnahmeleiter und Übersetzer (BAG 5 AZR 704/93, AP 74 zu § 611 Abhängigkeit).

- wenn im Falle eines Bildjournalisten der Redaktionsleiter Fototermine festlegt, der Journalist mit Ausnahme der eigenen Kamera ausschließlich Arbeitsmittel des Verlags nutzt und einen erheblichen Teil der Arbeitszeit am Bildschirmarbeitsplatz in der Lokalredaktion verbringen muss und zu Wochenendarbeiten eingesetzt wird (LAG Hamm 3 TaBV 100/99, Djv-Datenbank Juri Nr. 10902),
- wenn eine Gerichtsberichterstatterin Gerichtstermine nur in Abstimmung mit dem Leiter der Lokalredaktion wahrnehmen kann, der Leiter der Lokalredaktion bei Terminüberschneidungen über die wahrzunehmenden Termine entscheidet, die zeitliche Inanspruchnahme durch diese Tätigkeit keine anderen eigenverantwortlichen wirtschaftlichen Tätigkeiten zulässt und der Urlaub mit dem Redaktionsleiter abzustimmen ist (ebenda),
- wenn ein Fernsehansager vorgegebene fremde Texte anzusagen hat, er nach Dienstplänen eingesetzt wird, bei deren Aufstellung er zwar Wünsche formulieren kann, aber bei Problemen Dienste so lange tauschen muss, bis der Dienstplan entsprechend den dienstlichen Vorgaben des Senders steht, außerdem ein dauerhafter Bedarf an Programmansagern besteht und der Mitarbeiter sich tatsächlich den Wünschen des Senders nach zusätzlichen Diensten oder Terminverschiebungen niemals entzogen hat (LAG Baden-Württemberg, 14 Sa 102/99, DJV-Datenbank Juri Nr. 11029).

Nicht genügend aussagekräftig ist für sich allein:

- der Mitarbeiter ist notwendig in den technischen und organisatorischen Apparat des Auftraggebers eingebunden (BAG 5 AZR 704/93, AP 74 zu § 611 Abhängigkeit),
- ein Arbeitsplatz, z. B. Schreibtisch, Fotolabor in der Redaktion, Aufnahme in das hauseigene Telefonverzeichnis, Führung von Personalakten und -kartei, das Verfahren bei der Beantragung einer Dienstreise, weil das kraft Organisationsgewalt des Auftraggebers auch jederzeit geändert werden kann (BAG 5 AZR 110/76, DJV-Datenbank Juri Nr. 10094),
- ein Verhalten des Auftraggebers etwa bei Verzicht auf Vorlage eines Attests im Krankheitsfall, bei Verzicht auf die Erteilung eines Urlaubs, bei der steuer- und sozialversicherungsrechtlichen Behandlung der Mitarbeiter oder bei der Genehmigung von Nebentätigkeiten (BAG 5 AZR 110/76, AP 21 zu § 611 Abhängigkeit),
- eigenes Arbeitszimmer mit Schlüssel (BAG 5 AZR 627/93, AP 73 zu § 611 Abhängigkeit),
- die Pflicht, einzelne Termine (z. B. Fototermine) an einem bestimmten Ort zu einer bestimmten Zeit wahrzunehmen (BAG 7 ABR 25/91, BB 1992, 1490),
- das Fehlen eines fachlichen Weisungsrechts des Auftraggebers bei Diensten höherer Art (BAG 5 AZR 110/76, AP 21 zu § 611 Abhängigkeit; BAG 7 AZR 31/91, AP 60 zu § 611 Abhängigkeit),

- ständige Dienstbereitschaft ohne weitere Verpflichtungen, da das auch von Selbstständigen erwartet werden kann (BAG 5 AZR 110/76, AP 21 zu § 611 Abhängigkeit),
- Die Aufnahme in Dispositions- und Raumbelegungspläne zwecks Herstellung von Beiträgen (BGH 5 AZR 644/98, NZA 2000, 1102)
- die Aufnahme in Dienstpläne, wenn nach einem geltenden Bestandsschutztarifvertrag für arbeitnehmerähnliche Personen der Sender verpflichtet ist, den Mitarbeiter eine bestimmte Mindestanzahl von Tagen im Jahr zu beschäftigen, weil die Zuteilung eines Dienstes in diesen Fällen lediglich zum Ausdruck bringt, dass ein abgelehnter Dienst auf das Bestandsschutzkontingent angerechnet werde (BAG 5 AZR 61/99, NZA 2001, 551),
- Nichtausübung des Weisungsrechts über einen längeren Zeitraum (BAG 5 AZR 1066/94, DJV-Datenbank Juri Nr. 10290),
- die Verpflichtung, Termine einzuhalten und das zeitliche Maß der Inanspruchnahme an einem Rundfunksender (zwischen 226 und 298 Tagen), wenn keine Pflicht zur Teilnahme an Redaktionskonferenzen besteht und auch keine festen Dienstzeiten festgelegt sind (BAG 5 AZR 434/91, AfP 1992, 398 = DJV-Datenbank Juri Nr. 2220

Dabei wird immer eine Gesamtwürdigung aller Umstände vorgenommen. So können Rundfunksprecher und Übersetzer, die aufgrund von Dienstplänen eingesetzt werden, in aller Regel auch dann als Arbeitnehmer angesehen werden, wenn ihnen zugestanden wird, einzelne Einsätze abzulehnen (BAG 5 AZR 704/93, AP 74 zu § 611 Abhängigkeit).

III. Arbeitsrecht: Wer ist selbstständig?

Selbstständige arbeiten mit eigenen Arbeitsmitteln bzw. selbstbestimmten Konzepten. Sie haben die Möglichkeit, Aufträge ohne Sanktion abzulehnen und Arbeitsort sowie -zeit weitgehend selbst zu bestimmen. Sie verhandeln ihre Honorare mit den Auftraggebern je nach Auftrag, tragen ein unternehmerisches Risiko und haben dadurch auch wirtschaftliche Chancen. Sie stellen eventuell eigene Mitarbeiter an und haben unternehmerischen Verhandlungsspielraum gegenüber ihren Auftraggebern. Es ist selbstverständlich, dass sie für mehrere Auftraggeber arbeiten.

Kurzformel: Je lockerer, desto selbstständiger!

Doch auch wer nur einen einzigen Auftraggeber hat, kann dennoch selbstständig sein, wenn der Auftraggeber nur Abgabetermine setzt, sonst aber keine Vorgaben darüber gibt, wo, wann, wie lange und mit wem die Auftragsarbeit erledigt wird.

Faustregel: Selbstständig arbeitet derjenige, dessen Zusammenarbeit mit seinem Auftraggeber von unternehmerischer Freiheit geprägt ist.

Beispiel 1: Journalistin C arbeitet mit Zeitschrift Z zusammen. Der Redakteur R der Zeitschrift ruft sie regelmäßig an und fragt, ob C Termine wahrnehmen kann. Wenn C die Aufträge annimmt, ist R egal, wie der Artikel zustande kommt. Ob C den Beitrag in drei oder einer Stunde recherchiert, dass C dabei nebenbei noch andere Aufträge erledigt, z.B. für die Presseagentur P, ist der Z gleichgültig. Selbst wenn statt C die Freundin F den Artikel schreibt, hat R nichts dagegen, solange die Qualität gewahrt bleibt. C arbeitet auch noch für Presseagentur P, Tageszeitung T und Monatsblatt M.

Rechtslage: C ist selbstständig, da sie nicht in den Betrieb der Z eingegliedert ist. Zwar muss sie bestimmte Arbeitsergebnisse zu einem festen Termin abgeben, sie kann aber ansonsten frei arbeiten – und selbst entscheiden, wo, wann und wie sie das Arbeitsergebnis erbringen will. Außerdem arbeitet sie auch für andere Auftraggeber.

Beispiel 2: Die D arbeitet als „Pauschalistin" für die Presseagentur P. Sie erhält pauschal 3.000 € pro Monat, unabhängig davon, wie viele Zeilen oder Fotos sie anliefert. Das Honorar wird nach dem Vertrag bei Krankheit und im Urlaub fortgezahlt. Die D betreut für P die Region Rheinland. Das bedeutet, dass sie für P über alle relevanten Ereignisse von überregionaler Bedeutung berichtet. Wie D den Arbeitsalltag organisiert, ob sie Termine persönlich wahrnimmt oder durch Vertretungen, welche Arbeitszeit sie inves-

tiert, ob sie an bestimmten Tagen überhaupt tätig wird, ist P gleichgültig. Auch dass D für andere Medien, so Tageszeitung T arbeitet, stört P nicht.

Rechtslage: D ist trotz großer Abhängigkeit von P noch keine Arbeitnehmerin, da sie arbeitsorganisatorisch nicht in den Betrieb von P eingegliedert ist. Sie ist allerdings eine arbeitnehmerähnliche Mitarbeiterin und kann deshalb Urlaub von P verlangen. Denn nach dem Bundesurlaubsgesetz haben auch arbeitnehmerähnliche Personen Anspruch auf bezahlten Urlaub (☛ *Kapitel V, Arbeitsrecht: Was ist ein Arbeitnehmerähnlicher?*).

Beispiel 3: Journalistin H lebt in Lüneburg. Seit drei Jahren verfasst sie für die „Süddeutsche Tagespostille" ständig Beiträge für „Seite 3" und außerdem die Kolumne „Heideblick". Die Berichte sind jeweils am Donnerstag bis 14.00 Uhr abzugeben. Eine eventuell notwendige Überarbeitung muss bis 16.00 Uhr abgeschlossen sein. Von der Thematik her muss der Beitrag für Seite 3 einen aktuellen Bezug haben und gut recherchiert sein. Die Kolumne soll den spezifischen „norddeutschen Touch" vermitteln. Andere Vorgaben hinsichtlich Thematik, Arbeitszeit oder -ort bestehen nicht. H hat einen Pauschalvertrag, der ihr ein monatliches Honorar von 2.000 € garantiert. Sie hat ansonsten keine anderen Auftraggeber.

Rechtslage: H ist selbstständig, weil sie nicht in den Betrieb der „Tagespostille" eingebunden ist. Sie unterliegt keinen besonderen Weisungen seitens der Redaktion. Die Tatsache, dass sie bestimmte Abgabezeiten hat, beeinträchtig ihre selbstständige Arbeitsweise nicht.

Allerdings hat H eventuell Ansprüche, weil sie als arbeitnehmerähnliche Mitarbeiterin im arbeitsrechtlichen Sinne einzustufen ist. (☛ *Kapitel V, Arbeitsrecht: Was ist ein Arbeitnehmerähnlicher?*).

Für die Selbstständigkeit spricht nach bisheriger Rechtsprechung:

– der Mitarbeiter kann Aufträge ablehnen, ohne dass er gegenwärtig oder zukünftig bei der Auftragsvergabe Nachteile erleidet, hat also Entscheidungsfreiheit (BAG 5 AZR 110/76, DJV-Datenbank Juri Nr. 10094),

– die Teilnahme an Redaktionskonferenzen ist keine Pflicht (BAG 5 AZR 627/93, AP 73 zu § 611 Abhängigkeit = DJV-Datenbank Juri Nr. 9609),

– wenn der Herausgeber einer Buchreihe Arbeitsort und -zeit selbst bestimmen kann (BAG 5 AZR 194/90 = DJV-Datenbank Juri Nr. 1891),

– wenn ein Mitarbeiter einer Rundfunkanstalt seine „Filmtipps" ohne feste Vorgaben zu Arbeitszeit, -ort und weise produziert, auch wenn es einen festen Sendetermin gibt und der Mitarbeiter die ganze Woche für die Sendeanstalt produziert (BAG 5 AZR 644/98, NZA 2000, 1102),

- es liegen zeitliche Lücken zwischen verschiedenen Aufträgen (BAG 5 AZR 430/74, AP 18 zu § 611 Abhängigkeit),

- die Arbeit hat programmgestaltende Funktion, der Mitarbeiter hat weitgehendste schöpferische Freiheit (BAG 5 AZR 704/93, AP 74 zu § 611 Abhängigkeit),

- der Mitarbeiter gehört in einer Rundfunkanstalt zum Kreis der Journalisten, die unmittelbar durch ihre Tätigkeit die Meinungsbildung in der Öffentlichkeit beeinflussen, der Sender muss aber wegen der gebotenen Vielfalt der Meinungen auf einen größeren Kreis von freien Mitarbeitern zurückgreifen, die er nicht regelmäßig – nur von Fall zu Fall – zu Beiträgen auffordert (BAG 5 AZR 430/74, AP 18 zu § 611 Abhängigkeit),

- alle anderen vergleichbaren Mitarbeiter sind auch freie Mitarbeiter (ebenda),

- wenn ein Sprecher und Übersetzer seine Arbeitszeit im wesentlichen frei bestimmen kann und ihm die Absage einzelner Einsätze möglich ist (BAG 5 AZR 419/89, DJV-Datenbank Juri Nr. 2064).

Hinterm Erfahrungshorziont geht's weiter – mit Bildung

Wollen Sie ...

... mit Steuertipps, sozialer Absicherung und klarer Unternehmenskonzeption in den freien Markt starten?

... mit Kreativtechniken aus Routinearbeit eine journalistische Kür zaubern?

... mit Mitteln moderner TV-Produktion an der „News-Front" bestehen?

... mit Internet-Recherchen im Datendschungel auf die Informationsjagd gehen?

... mit presserechtlichen know-how die Klippen der Haftung umschiffen?

Dann fordern Sie unser Programm an!

Das Bildungswerk des Deutschen Journalisten-Verbandes (DJV) ist für alle da:

Seminare und Sonderveranstaltungen zu aktuellen Themen sowie Kompaktseminare Freie.
Service für Journalistinnen und Journalisten aus allen Medien und für DJV-Mitglieder.

IV. Arbeitsrecht: Arbeitnehmer und gleichzeitig selbstständig?

Wer bei einem Arbeitgeber fest angestellt ist, kann grundsätzlich nebenbei selbstständig arbeiten. Es ist sogar möglich, bei der *gleichen* Firma sowohl Arbeitnehmer als auch freier Mitarbeiter zu sein.

Beispiel 1: Redakteurin C ist halbtags von 9–13 Uhr bei der Tageszeitung T im Politikteil tätig. Ab und zu schreibt sie außerhalb der regulären Arbeitszeit eine Reportage für den Reise- und Kulturteil.

Rechtslage: Da C die Reportagen nur gelegentlich und damit ohne wirkliche Einbindung in den Betriebsablauf verfasst, gilt die Tätigkeit zu Recht als selbstständig.

Doch häufig liegt bei derartigen Konstruktionen ein Arbeitsverhältnis vor, weil die Bezeichnung als freie Mitarbeit missbräuchlich ist.

Beispiel 2: Redakteurin D hat eine Halbtagsstelle in der Wirtschaftsredaktion der Lokalzeitung bekommen. Bei der Einstellung wurde ihr versprochen, dass sie sich nachmittags etwas hinzuverdienen kann. D wird deswegen als freie Mitarbeiterin der Politikredaktion tätig. D wird regelmäßig für die Gemeinderats- und Ausschusssitzungen eingesetzt, außerdem nimmt sie ständig an den lokalen Events teil. Insgesamt kommt sie auf fast 40 Arbeitsstunden in der Woche.

Rechtslage: Da D am Nachmittag fest eingebunden arbeitet, ist sie als Volltags-Arbeitnehmerin einzustufen.

Beispiel 3: Redakteur E ist in der Sportredaktion tätig. Die Tageszeitung bezeichnet die Stunden, die der E im Büro verbringt, als „Halbtagsstelle". Die Zeit, die er für die Sportberichterstattung in den Stadien verbringt, wird als freie Mitarbeit honoriert.

Rechtslage: E ist als fest angestellter Vollzeitredakteur einzustufen, da die Trennung zwischen angestelltem Innen- und freiem Außendienst künstlich ist. Tatsächlich handelt es sich hier um zwei Aspekte der gleichen Tätigkeit.

Auch wenn eine „echte" Nebentätigkeit vorliegt, sollte übrigens aus ganz anderen Gründen aufgepasst werden: In den Tarifverträgen für festangestellte Redakteuren an Tageszeitungen und Zeitschriften ist festgelegt, dass eine regelmäßige *journalistische* Nebentätigkeit der Einwilligung des Arbeitgebers bedarf. Die Tarifverträge an den öffentlich-rechtlichen Anstalten verlangen in der Regel sogar die schriftliche Genehmigung jedweder Nebentätigkeit. Auch in den nicht-tariflichen Medien gilt: Der Arbeitgeber kann unter bestimmten Bedingungen eine selbstständige Nebentätigkeit verbieten, wenn dadurch die Arbeitskraft übermäßig in Anspruch genommen wird oder wettbewerbswidriges Verhalten vorliegt, beispielsweise für die Konkurrenz gearbeitet wird.

V. Arbeitsrecht:
Was ist ein Arbeitnehmerähnlicher?

Der Gesetzgeber will solche Personen schützen, die wirtschaftlich von einem Auftraggeber abhängig und sozial schutzbedürftig sind, aber (noch) nicht als Arbeitnehmer angesehen werden können. Für sie dürfen Tarifverträge geschlossen werden.

Als wirtschaftlich abhängig und sozial schutzbedürftig im Sinne der Tarifverträge gilt ein Journalist dann, wenn er hauptberuflich tätig ist und mindestens ein Drittel seines Erwerbseinkommens von einem Auftraggeber erhält. Außerdem muss er seine Aufträge persönlich und im Wesentlichen ohne Mitarbeit von eigenen Arbeitnehmern erbringen. Tarifverträge gibt es für arbeitnehmerähnliche freie Journalisten an Tageszeitungen in den alten Bundesländern (mit Ausnahme von Hessen), an den öffentlich-rechtlichen Rundfunkanstalten und beim Privatsender n-tv.

Beispiel: Freier Journalist F verdient aus seiner Tätigkeit 2.250 €. Bei Tageszeitung T verdient er 750 € im Monat. Bei Tageszeitung U verdient er 1.600. Bei Tageszeitung R verdient er 250 € und bei Zeitschrift S 450 €.

Rechtslage: Da F ein Drittel seiner Einkünfte bei T verdient, hat er Anspruch auf Bezahlung nach dem Tarifvertrag an Tageszeitungen. Auch bei U hat er Anspruch auf Bezahlung nach Tarifvertrag. Bei R hat er keinen entsprechenden Anspruch, weil er dort weniger als ein Drittel seiner Einkünfte verdient. Bei S hat er ohnehin keinen Anspruch auf eine „tarifgerechte" Zahlung, weil es im Zeitschriftenbereich keinen Tarifvertrag für die Freien gibt.

An den öffentlich-rechtlichen Anstalten gibt es neben Tarifhonoraren meist auch zusätzliche Tarifleistungen wie Krankengeldzuschuss oder Urlaubsgeld. Abhängig sind hier die Ansprüche allerdings von einer Mindestzahl von Einsatztagen und dem Erreichen eines gewissen Honorarniveaus (z.B. mindestens 3.000 € in einem halben Jahr).

Außerdem haben arbeitnehmerähnliche Personen nach § 2 Absatz 2 Bundesurlaubsgesetz einen gesetzlichen Anspruch auf bezahlten Urlaub – 24 Werktage im Jahr, also unabhängig davon, ob sie unter einen Tarifvertrag fallen. Da allerdings auch die Samstage als Werktage gelten, sind es effektiv 20 freie Montage bis Freitage, also vier Wochen Urlaub.

Da die Abgrenzung zwischen arbeitnehmerähnlichen Personen, Arbeitnehmern und „voll" Selbstständigen nicht immer eindeutig ist, wird hier viel Missbrauch getrieben. Gerade die öffentlich-rechtlichen Sender stufen viele reguläre Arbeitnehmer als arbeitnehmerähnliche Personen ein. Wegen der

Grundabsicherung durch die entsprechenden Tarifverträge finden sich viele dieser falschen Freien mit dieser Situation ab, vor allem allerdings, weil sie befürchten, im Falle einer Festanstellungsklage durch juristische Winkelzüge kalt gestellt zu werden. Dennoch ist die Einstufung als arbeitnehmerähnlich häufig unzulässig, da reguläre Arbeitnehmer nach den Tarifverträgen für angestellte Redakteure behandelt werden müssen.

Häufig werden nicht einmal die Tarifverträge für Arbeitnehmerähnliche eingehalten – der Tarifvertrag an Tageszeitungen besteht fast nur auf dem Papier. Theoretische Ansprüche auf Bestandsschutz (z. B. Unkündbarkeit nach 25 Jahren) an öffentlich-rechtlichen Rundfunkanstalten werden zudem in der Praxis häufig gezielt verhindert, etwa durch eine Sperre von bis zu einem Jahr kurz vor Erreichen des den Bestandsschutz auslösenden Berufsjahrs.

Wichtig: Der Status als Arbeitnehmerähnliche/r hat keine Auswirkungen auf die Mitgliedschaft in der Künstlersozialkasse oder die steuerliche Selbstständigkeit.

VI. Sozialversicherung: Eigenständige Regeln

1. Unterschiede für Arbeitnehmer und Selbstständige

Das *Arbeitsrecht* befasst sich mit der Frage, unter welchen Umständen Ansprüche *gegenüber dem Arbeitgeber* geltend gemacht werden, z.B. Anspruch auf Entgeltfortzahlung bei Krankheit, Urlaubsansprüche oder Kündigungsschutzrechte. Im *Sozialversicherungsrecht* geht es um die Frage, ob der Arbeitnehmer Ansprüche *gegenüber der staatlichen Sozialversicherung* hat.

Wer als Arbeitnehmer arbeitet, muss vom Arbeitgeber bei der Sozialversicherung gemeldet werden. Arbeitgeber und Arbeitnehmer tragen jeweils die Hälfte der Sozialversicherungsbeiträge. Der Arbeitnehmer ist dadurch versichert bei der gesetzlichen Kranken-, Pflege-, Renten-, Arbeitslosen- und Unfallversicherung. Für Besserverdienende ist eine Befreiung von der gesetzlichen Kranken- und Pflegeversicherung möglich.

Der Arbeitgeber muss den Arbeitnehmeranteil an den Sozialversicherungsbeiträgen vom Gehalt des Arbeitnehmers abziehen und zusammen mit dem Arbeitsgeberzuschuss an die zuständige Krankenkasse überweisen. Unterlässt er das, muss er später nachzahlen. Der Nachzahlungszeitraum beträgt vier Jahre bei fahrlässiger, 30 Jahre bei vorsätzlicher Nichtabführung der Beiträge. Der Versicherungsschutz ist allerdings unabhängig davon, ob der Arbeitgeber die Beiträge schon gezahlt hat: Wer als Arbeitnehmer arbeitet, ist immer sozialversichert.

Echte freie Journalisten wiederum müssen sich selbst bei der *Künstlersozialkasse* melden, weil sie dort Pflichtmitglieder sind. Freie sind über die Künstlersozialkasse in der Kranken-, Pflege- und Rentenversicherung versichert und zahlen ihrerseits den halben Beitragsteil als Zuschuss. Freie Bildjournalisten sind zudem Pflichtmitglieder der Berufsgenossenschaft Druck und Papierverarbeitung, die für die gesetzliche Unfallversicherung zuständig ist.

Bei der Künstlersozialkasse gilt trotz Versicherungspflicht, dass Versicherungsschutz und Beiträge erst ab der Meldung zu laufen beginnen, selbst wenn die Meldung lange nach Aufnahme der Tätigkeit erfolgt. Bei der Berufsgenossenschaft dagegen besteht zumindest für die pflichtversicherten freien Bildjournalisten der Versicherungsschutz auch dann, wenn noch keine Eigenmeldung erfolgt ist. Grund: Die Beiträge können für bis zu vier Jahre nachgefordert werden.

Kurzformel: Ob frei oder fest – Journalisten sind immer sozialversicherungspflichtig!

2. Kleine & kurze Jobs

a) Einzelne Produktionen und Einsätze

Eine gelegentliche Mitarbeit kann selbstständig sein, wenn sie nicht regelmäßig oder in festen, vom Auftraggeber einseitig festgelegten Bahnen erfolgt. Wer als freier Journalist also einmal im Jahr eine Fernsehsendung moderiert, kann diese selbstständig abrechnen. Gleiches gilt bei Vorträgen, Einzelproduktionen, Gastspielen etc. Je intensiver die Zusammenarbeit wird, desto eher wird die Tätigkeit dann als Beschäftigung einzustufen sein.

Beispiel 1: Freier Journalist J übernimmt auf Einladung des Rundfunksenders Z die Moderation einer Sondersendung zum Thema „Journalisten-Ethik". Hierbei handelt es sich um die einzige Moderation von J bei Z überhaupt. J kann den Ablauf der Moderation nach eigenen Ideen gestalten.

Rechtslage: Da J beim Sender Z nur ein „Gastspiel" hat und hier auch das Programm kreativ bestimmt, gilt die Moderation nicht als Beschäftigung.

Beispiel 2: Freier Journalist J arbeitet einmalig in einem Produktionsteam des Senders als Redaktionsassistent.

Rechtslage: J ist zwar nur einmal für J tätig gewesen, war jedoch voll in den Betriebsablauf eingebunden, ohne hier das Programm selbst zu gestalten. Daher ist die Tätigkeit als sozialversicherungspflichtige Beschäftigung einzustufen. Sie kann allerdings unter Umständen als kurzfristige Beschäftigung eingestuft werden, wenn er Schüler, Student oder Hausmann ist. Außerdem kann er eventuell zumindest den Kranken- und Pflegeversicherungsanteil von der Krankenkasse zurückfordern, wenn er im Übrigen überwiegend selbstständig arbeitet.

Beispiel 3: Freier Journalist J moderiert regelmäßig das „Montagmorgen-Frühstück" beim Sender S. Dazu wird er nach einem festen, vorher vom Sender festgelegten Dienstplan eingesetzt.

Rechtslage: Da J regelmäßig in den Betrieb eingebunden ist und nach Dienstplan arbeitet, gilt die Tätigkeit grundsätzlich als sozialversicherungspflichtige Beschäftigung.

b) Kurzfristige Beschäftigung

Die kurzfristige Beschäftigung als Arbeitnehmer ist sozialversicherungsfrei, Das gilt bei Beschäftigungen von maximal 50 Tagen im Jahr (nicht Kalenderjahr) oder zwei Monaten am Stück; mehrere kurzfristige Beschäftigungen innerhalb von zwölf Monaten werden zusammengerechnet. Die kurzfristige Beschäftigung muss vertraglich im Voraus begrenzt sein bzw. ihrer Eigenart nach auf Kurzfristigkeit ausgelegt sein. Außerdem darf die kurzfristige Beschäftigung nicht berufsmäßig ausgeübt werden. In der Regel werden daher nur Studenten, Hausfrauen und -männer sowie Rentner als kurz-fristig Beschäftigte anerkannt. Wichtig auch: Die kurzfristige Beschäftigung ist lohnsteuerpflichtig (es sei denn, der Arbeitgeber zahlt eine Lohnsteuer-pauschale), außerdem hat der Arbeitgeber auch Beiträge an die gesetzliche Unfallversicherung zu zahlen.

Beispiel 4: J ist Hausmann und arbeitet nebenbei 40 Tage im Jahr für den Sender S als Redaktionsassistent.

Rechtslage: J übt eine Tätigkeit aus, die grundsätzlich sozialversiche-rungspflichtig ist. Da er jedoch weniger als 50 Tage im Jahr beschäftigt ist und diese Tätigkeit nicht berufsmäßig ausübt, gilt sie als kurzfristige Aushilfstätigkeit und wird ohne Abzug von Sozialversicherungsbeiträ-gen ausgezahlt. Allerdings ist Lohnsteuer zu zahlen, die entweder dem J vom Lohn abgezogen oder vom Arbeitgeber pauschal übernommen wird. Außerdem muss S für J Unfallversicherungsbeiträge zahlen.

Beispiel 5: J übt Aushilfstätigkeiten vom 10. 9. bis 10. 10. 2001 und vom 10. 1. bis 10. 2. 2002 aus.

Rechtslage: Die Tätigkeit nimmt mehr als 50 Tage innerhalb von 12 Monaten in Anspruch. Daher ist sie voll sozialversicherungspflichtig.

c) 325-€-Jobs (bis 31. 12. 2001: 322,11€)

325-€-Jobs sind für den Arbeitnehmer sozialversicherungsfrei, allerdings muss der Arbeitgeber pauschale Sozialversicherungsbeiträge an die Sozial-versicherung zahlen, die er den Arbeitnehmern nicht vom Lohn abziehen darf. Wenn der Arbeitnehmer mit einem 325-€-Job beschäftigt wird und keine anderen Einkünfte hat, muss der Arbeitgeber nur Rentenversiche-rungsbeiträge zahlen. Außerdem fallen Krankenversicherungsbeiträge an, wenn der Mitarbeiter Mitglied in einer gesetzlichen Krankenkasse ist. In jedem Falle hat der Arbeitgeber Unfallversicherungsbeiträge zu zahlen.

Geringfügig beschäftigt ist, wer aus allen Jobs (mit Ausnahme selbststän-diger Tätigkeiten) maximal 325 € Mark im Monat verdient und regelmäßig weniger als 15 Stunden in der Woche arbeitet.

Lohnsteuer fällt bei Personen mit geringem Einkommen in der Regel nicht an, wenn das Einkommen unter dem Existenzminimum liegt (jährlich etwa 7000 €). Dafür benötigen die 325-€-Beschäftigten eine Freistellungsbe-scheinigung, die sie vom Finanzamt erhalten. Keine Bescheinigung brau-chen Angehörige der Lohnsteuerklassen I bis III, wenn sie ihre Lohnsteu-erkarte mit der entsprechenden Steuerklasse beim Arbeitgeber abgeben. Außerdem ist bei 325-€-Jobs die pauschale Zahlung der Lohnsteuer durch den Arbeitgeber möglich.

Beispiel 6: J arbeitet mehr als 50 Tage im Jahr für den Sender W, wenn er dort in einer Sendeschicht aushilft. Der Einsatz umfasst wöchentlich weniger als 15 Stunden. Im Monat verdient er 325 € aus dieser Tätigkeit; andere Tätigkeiten übt er nicht aus. Über seine Frau ist J in der gesetzlichen Krankenkasse versichert. Beim Sender hat er außerdem eine Freistellungsbescheinigung für die Lohnsteuer vorgelegt.

Rechtslage: Die Tätigkeit von J stellt eine geringfügige Beschäftigung dar. Der Arbeitgeber hat an J 325 € zu zahlen, außerdem muss er pauschale Kranken- und Rentenversicherungsbeiträge an die Krankenkasse des J abführen. Zusätzlich muss er Unfallversicherungsbeiträge an die zuständige Berufsgenossenschaft zahlen. Lohnsteuer fällt wegen der Freistellungsbescheinigung nicht an.

Beispiel 7: J arbeitet mehr als 50 Tage im Jahr beim Sender X und verdient dort 325 € im Monat, außerdem bei Sender Y, wo er ebenfalls 325 € verdient.

Rechtslage: Da J insgesamt mehr als 325 € Einkommen hat, gelten beide Tätigkeiten nicht mehr als geringfügig. Beide Einkommen sind daher sozialversicherungspflichtig, d.h. Abzüge und Arbeitgeberzuschüsse sind fällig.

d) Beschäftigung von Studenten und Rentnern

Studenten sind bei *normalen (nicht geringfügigen)* Beschäftigungen in der Regel nur rentenversicherungspflichtig. Ihr Arbeitgeber muss ihnen also 9,55 (Wert für das Jahr 2001) Prozent vom Lohn abziehen und selbst den gleichen Betrag hinzuzuzahlen.

Beiträge zur Kranken-, Pflege- und Arbeitslosenversicherung fallen dagegen nur an, solange das Studium nicht mehr Hauptsache ist oder gar nicht mehr wirklich ausgeübt wird. Eine Hauptsache ist das Studium nicht, wenn die Beschäftigung außerhalb von Semesterferien und abgesehen von Wochenenden die 20-Stunden-Grenze übersteigt. Wer allerdings bereits ein Arbeitsverhältnis ausübt und anschließend ein Studium aufnimmt, ist komplett sozialversicherungspflichtig, selbst wenn er die Arbeitszeit auf unter 20 Stunden reduziert. Das gilt auch, wenn das Arbeitsverhältnis in einem Urlaubssemester aufgenommen wurde und anschließend das Studium fortgesetzt wird.

Lohnsteuerpflicht besteht grundsätzlich auch bei Studenten, entfällt aber bei geringem Einkommen ganz oder wird teilweise beim Jahreseinkommensteuerausgleich zurückerstattet. Auch für Studenten gilt in jedem Falle Unfallversicherungspflicht durch den Arbeitgeber. Bei geringfügigen Beschäftigungen gelten die allgemeinen Regelungen wie bei Arbeitnehmern (siehe oben).

Beispiel 8: Student S arbeitet als Redaktionsassistent beim Sender T insgesamt 18 Stunden pro Woche. Insgesamt arbeitet er im Jahr an über 80 Tagen für T.

Rechtslage: S ist als Student nur renten- und unfallversicherungspflichtig. Außerdem ist eventuell Lohnsteuer zu zahlen.

Beispiel 9: Student S arbeitet als Redaktionsassistent beim Sender T an 45 Tagen vom 2. 4. bis 30. 5. 2000. Vom 1. 6. bis 30. 8. 2001 arbeitet er bei einem anderen Arbeitgeber 49 Tage.

Rechtslage: Da der S innerhalb von 12 Monaten weniger als 50 Tage gearbeitet hat, liegen kurzfristige Beschäftigungen vor. Für derartige Aushilfstätigkeiten fallen keine Sozialversicherungsbeiträge an (auch keine Rentenversicherungsbeiträge!), abgesehen von Unfallversicherungsbeiträgen, die der Arbeitgeber allein zu tragen hat. Das gilt sowohl für die Jahre 2000 als auch 2001.

Beispiel 10: Student S arbeitet beim Sender T als Redaktionsassistent regelmäßig 25 Stunden in der Woche.

Rechtslage: S ist voll sozialversicherungspflichtig, weil die Stundenzahl dafür spricht, dass das Studium nur noch „Nebensache" ist.

Beispiel 11: S ist als Student an der Uni eingeschrieben, hat das Studium aber längst geschmissen und arbeitet nur noch in der Redaktion von Sender T.

Rechtslage: S ist voll sozialversicherungspflichtig, wenn das Studium nicht wirklich ausgeübt wird.

☛ *Kapitel VI Nr.2, Studenten als echte freie Journalisten, Studenten mit Arbeitsverhältnis und freier Tätigkeit, in: Sozialversicherung: Wer gehört in die Künstlersozialkasse?* ☛ *Internet: Rundschreiben der Sozialversicherungsträger zur Versicherung der Studenten und Praktikanten, Richtlinien zur geringfügigen Beschäftigung, www.vdak.de/arbeitgeber.htm*

Altersrentner sind bei Beschäftigungen nicht rentenversicherungspflichtig. Auch Arbeitslosenversicherungsbeiträge fallen nach Vollendung des 65. Lebensjahres nicht an. Die Mitgliedschaft in der Kranken- und Pflegeversicherung der Rentner entfällt in der Regel ab einem Lohn von mehr als 325 €, weil dann Kranken- und Pflegeversicherung über die Beschäftigung finanziert werden. Dazu kommt die Lohnsteuer, diese wird aber bei geringem Einkommen auf Antrag vom Finanzamt zurückerstattet. Bei geringfügigen Beschäftigungen gelten die gleichen Regeln wie für sonstige Arbeitnehmer. In jedem Fall gilt auch hier die Unfallversicherungspflicht durch den Arbeitgeber.

Erwerbsminderungsrentner sind nach den allgemeinen Voraussetzungen versicherungspflichtig. Hier gelten außerdem individuelle Hinzuverdienstgrenzen, die von der zuständigen Rentenbehörde berechnet werden.

☞ *Auskunft in Rentenfragen erteilt die Bundesversicherungsanstalt für Angestellte, Ruhrstraße 2, 10709 Berlin, Tel. 030/8 65-1, Service-Telefon: 0800/333 19 19, Fax: 030/8 65-2 72 40, www.bfa-berlin.de*

VII. Sozialversicherung: Wer gehört in die Künstlersozialkasse?

1. Pflichtmitgliedschaft

Freie Journalisten sind Pflichtmitglieder der Künstlersozialkasse (KSK). Finanziert wird die KSK durch Beiträge der Versicherten (50 Prozent), Abgaben der Medienunternehmen (30 Prozent) und einen Zuschuss des Bundes (20 Prozent).

In der KSK gibt es die gesetzliche Kranken-, Pflege- und Rentenversicherung „zum halben Preis". Und das bei gleicher Leistung, weil die KSK sozusagen den „Arbeitgeberanteil" für die Freien bezahlt.

Wer nicht in die gesetzliche Kranken- und Pflegeversicherung will, kann unter bestimmten Voraussetzungen die private Versicherung beantragen und erhält hierzu einen Zuschuss von der KSK. Hiervon unberührt bleibt aber die Versicherungspflicht in der gesetzlichen Rentenversicherung, von der keine Befreiung möglich ist.

Der Zuschuss zur privaten Kranken- und Pflegeversicherung wird allerdings nur in der Höhe gezahlt, in der er – unter Zugrundelegung des entsprechenden Einkommens – bei Versicherung in der gesetzlichen Versicherung – fällig wäre.

Beispiel 1: Die gesetzlich versicherte freie Journalistin F ist 60 Jahre ist und verdient nur 500 € im Monat. Sie ist mit 14 % des Einkommens, d.h. mit 70 € versicherungspflichtig in der gesetzlichen Krankenversicherung.

Rechtslage: F muss für die gesetzliche Versicherung 35 € an die KSK zu zahlen. Die KSK legt entsprechend 35 € als Zuschuss hinzu und überweist die Gesamtsumme an die Krankenkasse.

Beispiel 2: Die privat versicherte freie Journalistin J ist ebenfalls 60 Jahre alt und verdient gleichfalls nur 500 €. Ihre private Krankenversicherung kostet 500 €, d.h. verbraucht ihr gesamtes Einkommen.

Rechtslage: Auch J bekommt nur 35 € Zuschuss, muss also 465 € selbst zahlen.

In die Künstlersozialkasse kommen freie Journalisten, die

– selbstständig erwerbstätig sind (also nicht scheinselbstständig sind), und zwar nicht nur vorübergehend, und
– im Wesentlichen im Inland arbeiten.

Nicht versichert ist in der Regel, wer

• wie ein Unternehmer mehr als einen Arbeitnehmer beschäftigt (mehrere geringfügig Beschäftigte sind aber möglich), bei GmbH-Gesellschaften können aber unter Umständen auch mehrere Vollzeit-Arbeitnehmer zulässig sein,
• die Mindestverdienstgrenzen von monatlich 325 €* nicht erreicht. Für Berufsanfänger gibt es während der ersten drei Berufsjahre jedoch keine Mindestverdienstgrenze.
• die selbstständige Tätigkeit erst nach Erreichen des 65. Lebensjahrs neu aufnimmt.

In der Kranken- und Pflegeversicherung ist über die KSK jedoch nicht versichert, wer mehr als 325 €* aus einem anderen Arbeitsverhältnis verdient, es sei denn, die freie Tätigkeit überwiegt dennoch honorar- und zeitmäßig. Die Kranken- und Pflegeversicherung entfällt ebenfalls, wenn aus einer anderen selbstständigen Tätigkeit mehr als 325 €* verdient werden. In der Rentenversicherung entfällt eine Versicherung über die KSK dann, wenn aus einem anderem Arbeitsverhältnis oder einer anderen selbstständigen Tätigkeit mehr als 2.224,12/1.866,22 € im Monat (West/Ost, 2001) verdient werden.

Der Beitragssatz zur Künstlersozialkasse beträgt die *Hälfte* des Beitragssatzes von Krankenkasse (Beitragssatz durchschnittlich 13,5%) und Rentenversicherung (19,1%, 2001), also etwa 15%. Grundlage ist das gemeldete Arbeitseinkommens für das kommende Jahr, berechnet aus erwarteten Betriebseinnahmen (Honorare) abzüglich Betriebsausgaben und ohne Mehrwert-/Umsatzsteuer.

*Bis 31. 12. 2001: 322,11 €. In den nachfolgenden Beispielen wird mit dem Wert für 2002 gearbeitet.

2. Studenten als echte freie Journalisten

Bei Studenten, die neben dem Studium als echte freie Journalisten arbeiten, besteht Versicherungspflicht für die Kranken- und Pflegeversicherung der KSK, wenn ihr Studium nicht mehr als 20 Stunden in der Woche erfolgt und die freie Tätigkeit demgegenüber die überwiegende Zeit in Anspruch nimmt.

Studenten sind seit einer Gesetzesnovelle im Jahr 2001 stets rentenversicherungspflichtig in der KSK, wenn sie neben dem Studium frei arbeiten. Das gilt zumindest dann, wenn die journalistische Tätigkeit erwerbsmäßigen Charakter hat, d.h. nicht bei „Gelegenheitsjournalismus".

3. Studenten mit Arbeitsverhältnis und freier Tätigkeit

Bei Studenten, die neben dem Studium und der Tätigkeit als freier Journalist zusätzlich ein Arbeitsverhältnis haben (z.B. wissenschaftliche Hilfskraft bei der Universität), das nicht nur geringfügig oder kurzfristig ist, gilt: automatische Versicherungsfreiheit in der Kranken- und Pflegeversicherung der KSK, weil dann die Kranken- und Pflegeversicherungsbeiträge aufgrund des Arbeitsverhältnisses gezahlt werden. Nimmt das Arbeitsverhältnis während des Semesters nicht mehr als 20 Stunden in der Woche in Anspruch, besteht alternativ die studentische Kranken- und Pflegeversicherung. Nach der Gesetzesnovelle im Jahr 2001 gilt außerdem: In der Rentenversicherung der KSK besteht die Versicherungspflicht nur dann nicht, wenn das Einkommen aus einem zusätzlichen Arbeitsverhältnis monatlich über 2.224,12/1.866,22 € (Jahr 2001, West/Ost) liegt.

4. Scheinselbstständigkeit

Die Künstlersozialkasse ist die Pflichtversicherung für freie Journalisten. Sie nimmt allerdings solche Freien nicht auf, die in Wirklichkeit Arbeitnehmer sind (Scheinselbstständige). Wer wirklich selbstständig arbeitet, sollte daher bei Antragstellung berücksichtigen, dass die KSK besonders an Details interessiert ist, die eine Selbstständigkeit belegen können. Daher kann es hilfreich sein, neben dem Fragebogen der KSK auch eine weitere Anlage beizulegen, in der ausführlich dargestellt wird, wo, wie und wann gearbeitet wird, bzw. wie typische Arbeitsabläufe des Antragstellers aussehen.

Die Gewerkschaften beraten ihre Mitglieder bei Widerspruchs- und Klageverfahren gegen die Künstlersozialkasse, wenn trotz Ablehnung durch die KSK eine Selbstständigkeit bejaht werden kann.

Wer von der KSK zu Recht wegen Scheinselbstständigkeit abgelehnt wird, sollte mit Hilfe seiner Krankenkasse dafür sorgen, dass der Arbeitgeber die Sozialversicherungsbeiträge abführt. Eigentlich hat die KSK die zuständige Krankenkasse selbst über die Scheinselbstständigkeit zu informieren, damit diese von selbst beim Arbeitgeber aktiv wird. Doch viele Krankenkasse lassen solche Mitteilungen der KSK offenbar unbearbeitet liegen – wer zwingt schon gerne einen Arbeitgeber zur Abführung von Beiträgen? Um Versicherung und Beitragszahlung durchzusetzen, sollte daher auch die Gewerkschaft eingeschaltet werden. Die Versicherung kann sogar unabhängig von der endgültigen Klärung der Frage Selbstständigkeit/Arbeitnehmerstatus erfolgen. Nach einem Urteil des Landessozialgerichts Berlins wurde eine Krankenkasse zum vorläufigen Versicherungsschutz verurteilt, während der Streit um die Abgrenzung/Einstufung zwischen Antragsteller und KSK noch lief – Begründung: Gleich wie der Fall ausgehe, in jedem Fall sei die Versicherung in der Krankenkasse gegeben (L 9 Kr-SE-97, zit. nach Buchholz, 1998, 205).

Wer nach einer berechtigten Ablehnung durch die KSK die Beitragszahlung durch den Arbeitgeber nicht aktiv durchsetzen will, muss allerdings in den sauren Apfel beißen und sich selbst versichern. Die vollkommen private Absicherung ist jedoch sowohl bei Kranken- als auch Rentenversicherung sehr teuer. Ein Trost in solchen Fällen: Wechselt man später den Auftraggeber, kann man den alten Auftraggeber nachträglich auf Nachzahlung der Sozialversicherungsbeiträge verklagen. Das bringt – fast risikolos – wertvolle Versicherungszeiten und ist gleichzeitig eine saftige Quittung für unsoziales Arbeitgeberverhalten.

5. Versicherungspflicht als arbeitnehmerähnliche Selbstständige?

„Sie können sich von der neuen Rentenversicherungspflicht befreien lassen!" Mit solchen Parolen werben zahlreiche unseriöse Versicherungsmakler und Unternehmensberater für zusätzliche Lebensversicherungen. In der Tat gibt es neben den Regelungen zur Scheinselbstständigkeit eine neue Rentenversicherungspflicht für arbeitnehmerähnliche Selbstständige. Also Personen, die zwar als Selbstständige anerkannt sind, allerdings nur einen Auftraggeber haben und keine versicherungspflichtigen Arbeitnehmer beschäftigen.

Jedoch gilt diese Rentenversicherungspflicht nicht für freie Journalisten, weil diese nach wie vor über die Künstlersozialkasse rentenversicherungspflichtig sind. Auch wenn sie nur einen Auftraggeber haben! Von der Rentenversicherungspflicht in der Künstlersozialkasse ist zudem keine Befreiung möglich. Das geht aus der Gesetzesbegründung hervor und wurde dem DJV seitens der Bundesversicherungsanstalt für Angestellte und auch vom zuständigen Bundesarbeitsministerium bestätigt.

Nur bei GmbH-Allein-/Mehrheitsgesellschaftern, die nicht überwiegend publizistisch, sondern überwiegend als Manager ihrer GmbH arbeiten, kommt die Versicherungspflicht als arbeitnehmerähnlicher Selbstständiger in Frage.

☛ *Kapitel VIII Nr. 6, GmbH – Arbeitnehmer bei sich selbst?*

☛ *Künstlersozialkasse, bei der Bundesausführungsbehörde für Unfallversicherung, Langeoogstraße 12, 26384 Wilhelmshaven, Tel. 04421/3080, Fax: 04421/308200, www.kuenstlersozialkasse.de*

VIII. Sozialversicherung: Freie Journalisten mit gleichzeitiger Arbeitnehmertätigkeit

1. Hauptberuflich Freie

Für freie Journalisten, die nebenbei als Arbeitnehmer arbeiten, gilt: Die Kranken- und Pflegeversicherungspflicht (nicht aber die Arbeitslosen- und Rentenversicherungspflicht!) in der allgemeinen Sozialversicherung entfällt, sofern sie hauptberuflich frei arbeiten, d.h. mindestens 15 Stunden in der Woche und mit überwiegendem Einkommen aus der freien Tätigkeit. Dann gehören sie allerdings in die gesetzliche oder private Kranken- und Pflegeversicherung der Künstlersozialkasse. Die Rentenversicherungspflicht besteht jedoch in der Regel für beide Tätigkeiten (siehe Beispiel 2).

Nicht hauptberuflich frei ist, wer daneben 20 Stunden und mehr in einer Anstellung arbeitet und hieraus mehr als 1.145,30/966,34 € (Jahr 2001, West/Ost) im Monat verdient. Es kommt aber immer auf den Einzelfall an.

Beispiel 1: Freier Journalist J arbeitet zehn Stunden in der Woche als Redaktionsassistent beim Sender S, wo ihm auch Sozialabgaben vom Honorar abgezogen werden. Dort verdient er 1.000 €. Aus sonstiger freier Tätigkeit verdient er 1.500 €. J ist bei der KSK versichert.

Rechtslage: Da J überwiegend frei arbeitet, darf der Sender ihm zwar Renten- und Arbeitslosenversicherungsbeiträge abziehen, nicht aber Kranken- und Pflegeversicherungsbeiträge, da letztere über die Künstlersozialkasse laufen.

Beispiel 2: Freier Journalist J arbeitet zehn Stunden in der Woche als Redaktionsassistent beim Sender S, wo ihm auch Sozialabgaben vom Honorar abgezogen werden. Dort verdient er 1.500 €. Aus sonstiger freier Tätigkeit verdient er 1.000 €. J ist bei der KSK versichert.

Rechtslage: Da J überwiegend abhängig beschäftigt arbeitet, ist die Tätigkeit beim Sender uneingeschränkt sozialversicherungspflichtig. Weil er aus der sozialversicherungspflichtigen Beschäftigung beim Sender mehr verdient als mit der übrigen freien Tätigkeit, besteht keine Kranken- und Pflegeversicherungspflicht in der KSK. Die Rentenversicherungspflicht bei der KSK besteht in jedem Falle fort, da sie erst in Frage gestellt wird, wenn der Freie aus der Arbeitnehmertätigkeit mehr als 2.224,12/1.866,22 € monatlich (West/Ost, Jahr 2001) verdient.

2. Arbeitnehmer mit freiem Nebenjob

Ein Arbeitnehmer, der neben seiner Anstellung auch „echt" frei arbeitet, ist für die freien Honorare grundsätzlich *rentenversicherungspflichtig* in der KSK. Die Versicherungspflicht in der KSK entfällt dann, wenn das Einkommen aus der Anstellung 2.224,12/1.866,22 € (2001; West/Ost) im Monat erreicht.

Beispiel 3: Journalist J verdient bei Tageszeitung 2.400 € als fest angestellter Redakteur. Außerdem verdient er als freier Autor für den Sender S 2.500 € pro Monat.

Rechtslage: J ist bei der Tageszeitung voll versicherungspflichtig. Die Tätigkeit bei Sender S ist nicht in der KSK versicherungspflichtig, weil J beim Sender mehr als 2.224,12 € verdient.

Außerdem sind die Einnahmen aus der „echten" freiberuflichen und der scheinselbstständigen Tätigkeit zu addieren, sofern die Beiträge aus der freiberuflichen Tätigkeit unter 2.224,12/1.866,22 € liegen (s.o.). Maximal werden 9,55% für die Rente von 4.448,24/3.732,43 € Gesamtverdienst aus freier Tätigkeit und zusätzlicher Beschäftigung (Jahr 2001, West/Ost) abgezogen. Was darüber eingezahlt wird, findet in der Berechnung keine Berücksichtigung. Daher ist es wichtig, den Arbeitgeber und die Künstlersozialkasse darüber zu informieren, dass zwei Tätigkeiten ausgeübt werden. Dadurch werden sinnlose Doppelzahlungen vermieden. Außerdem können schon überzahlte Beträge von der Krankenkasse zurückgefordert werden. Hierzu ist ein formloser Antrag bei der Krankenkasse zu stellen. Beigelegt werden sollten die Honorar-/Lohnabrechnungen des betreffenden Jahres.

Ob auch *Kranken- und Pflegeversicherungspflicht* in der KSK besteht, hängt von weiteren Kriterien ab:

Die *Kranken- und Pflegeversicherungspflicht* bei der KSK für freie Honorare besteht nicht, wenn das Arbeitsverhältnis oder eine andere selbstständige Tätigkeit über 325 € im Monat an Lohn einbringt.

Beispiel 4: Journalist J verdient bei der Tageszeitung T in Hessen als Volontär 1.600 €. Außerdem verdient er 500 € als freier Autor.

Rechtslage: Da J mehr als 325 € im Monat aus der Beschäftigung als Volontär erhält, ist die freie Tätigkeit bei der KSK kranken- und pflegeversicherungsfrei. Allerdings sind Rentenversicherungsabzüge zu zahlen, da J weniger als 2.224,12 € im Monat verdient.

Ausnahmsweise kann bei einem Arbeitsverhältnis mit einem Lohn von über 325 € die *Kranken- und Pflegeversicherungspflicht* bei der KSK entstehen und gleichzeitig für das Arbeitsverhältnis entfallen, wenn die freie Tätigkeit **hauptberuflich** ausgeübt wird. Das hängt davon ab, ob die freie Tätigkeit nach Zeitaufwand und Verdienst das Arbeitsverhältnis deutlich übertrifft.
☛ *Abschnitt Nr.1, Hauptberuflich Freie*

Eine Versicherungspflicht in der *Kranken-, Pflege-* **und** *Rentenversicherung* der KSK besteht auch dann **nicht**, wenn das Arbeitseinkommen aus selbstständiger Tätigkeit 325 € im Monat nicht erreicht **und** die Person kein Berufsanfänger ist. Als Berufsanfang gilt der Zeitraum von fünf Jahren (nach Gesetzesnovelle 2001: 3 Jahre) nach erstmaliger Aufnahme der freien Tätigkeit. Berufsanfänger sind stets in der KSK versicherungspflichtig, es sei denn, dass sie in einem Arbeitsverhältnis oder einer anderen selbstständigen Tätigkeit mehr als 325 € monatlich verdienen und dies nicht weniger ist als das Einkommen aus der freien Tätigkeit. Siehe auch ☞ *Kapitel VII, Sozialversicherung: Wer ist versicherungspflichtig in der Künstlersozialkasse?*

3. Vorteil Doppelversicherung

Für Freie, die nur sehr unregelmäßig bzw. als „unständig Beschäftigte" mit Rundfunkanstalten zusammen arbeiten, kann eine Doppelversicherung einen Vorteil haben. Bei der Versicherung über die Rundfunkanstalt erlischt der Versicherungsschutz in der Regel drei Wochen nach dem letzten Beschäftigungstag. Bei der KSK hingegen besteht der Versicherungsschutz dagegen unabhängig von solchen Pausen weiter, solange die selbstständige Tätigkeit nicht komplett aufgegeben wird. Wer nun doppelt versichert ist, fällt bei einer längeren Pause als drei Wochen zwar aus dem Sozialversicherungsschutz der Anstalt, dafür aber in den Sozialversicherungsschutz der KSK. Das setzt freilich voraus, dass in den Rundfunk-Pausen auch tatsächlich frei gearbeitet wird!

4. Doppelzahlungen zurückfordern

Wer „doppelt versichert" ist, sollte am Ende eines jeden Jahres prüfen, ob er möglicherweise Beiträge zurückfordern kann. Normalerweise erfährt die KSK, wann eine solche unzulässige Doppelzahlung stattfindet. Das liegt daran, dass die KSK mit der Krankenkasse des Journalisten in Verbindung steht. Führt ein Arbeitgeber Beiträge an die Krankenkasse ab, so korrigiert die KSK ihren Beitragsbescheid nachträglich.

In Sonderfällen kann es dennoch zu Problemen kommen. So erfährt die KSK bei Privatversicherten in der Regel nichts von der Doppelzahlung. Gleiches kann gelten, wenn der Freie mit verschiedenen Rundfunkanstalten zusammen arbeitet, die möglicherweise die Sozialversicherungsbeiträge an ihre lokale Krankenkasse abführen. Daher gilt: Jeder Freie sollte bei Arbeit für mehrere Rundfunkanstalten mindestens einmal im Jahr seine Abrechnungen in Hinblick auf Doppelzahlungen überprüfen.

5. Fest und frei – beim gleichen Arbeitgeber?

Angestellte können nebenbei selbstständig arbeiten, Freie können nebenbei in einem Beschäftigungsverhältnis stehen. Das ist theoretisch nicht nur bei verschiedenen Arbeitgebern, sondern auch beim gleichen Arbeitgeber möglich. Doch meist wird das nur in sehr großen Häusern möglich sein.

Beispiel 5: A arbeitet beim Sender S regelmäßig als Moderatorin für die Redaktion A. Diese Tätigkeit ist vom Sender zutreffend als Arbeitsverhältnis eingestuft, da sie als Moderatorin in einem festen Team arbeitet. Außerdem recherchiert sie für Redaktion B regelmäßig.

Rechtslage: A ist einmal Angestellte des Senders, gleichzeitig freie Mitarbeiterin, da die Redaktion B sie nicht fest an sich bindet.

Die Sozialversicherungsbehörden sehen solche Mischtätigkeiten sehr ungern. Sie fordern, dass eine einheitliche Einstufung der Mitarbeiter stattfindet – entweder als Beschäftigte oder Selbstständige. Abhängig soll die Einstufung davon sein, welche Tätigkeit überwiegt. Dabei halten die Sozialversicherungsträger es für zulässig, dass die Höhe des Honorars ausschlaggebend ist. Wer beim Sender also mehr durch Beschäftigungen verdient als durch selbstständige Tätigkeiten, gilt für die gesamte Tätigkeit als Beschäftigter. Dabei wird jeweils der Zeitraum von einem Jahr betrachtet.

Fraglich bleibt damit aber immer noch, welche Tätigkeiten überhaupt als selbstständig gelten sollen. Die Sozialversicherungsträger arbeiten bei dieser Frage mit einem Kriterienkatalog zur Abgrenzung selbstständiger Tätigkeit von abhängiger Beschäftigung.

☛ *Kapitel IX, Sozialversicherung: Rundfunk – ein Sonderfall*

Häufig ist die Aufspaltung in feste und freie Mitarbeit aber auch künstlich und daher unzulässig. Denn auch feste Arbeitsverhältnisse haben ein „Element der Freiheit", ohne dass der Mitarbeiter gleich als selbstständig anzusehen ist.

Beispiel 6: Redakteurin A arbeitet beim Sender S in der Redaktion. Sie konzipiert die Themen, recherchiert und produziert. Anschließend moderiert sie diese auch noch. A ist regelmäßig in der Redaktion tätig und hat dort ihren Arbeitsplatz. Ihre Anwesenheit wird ständig erwartet, Urlaub und Fehltage müssen genehmigt werden, ansonsten wäre sie „draußen". Natürlich gibt es darüber keine schriftliche Regelungen, aber das ist „Usus". Der Sender stuft aber nur die Produktion, d.h. das Schneiden und die Tonbearbeitung, außerdem die Moderation als Arbeitnehmertätigkeit ein. Für die übrige Arbeit gibt es „freies" Honorar ohne Abzüge.

Rechtslage: A ist Arbeitnehmerin für alle Bereiche. Die Arbeit ist notwendig miteinander verbunden, der Sender erwartet die Anwesenheit von A und setzt sie auch so ein. Die Honorare sind daher nicht „frei", sondern Arbeitslohn. Es ist freilich in vielen Sendern üblich, dass nur der Moderatoren-Anteil als Beschäftigungsverhältnis gilt, der restliche Teil aber als „selbstständig" klassifiziert wird.

Beispiel 7: B ist halbtags als angestellter Redakteur in der Lokalredaktion tätig. Er arbeitet offiziell immer am Nachmittag, hat im Verlagsgebäude ein festes Büro und klare Arbeitszeiten. Außerdem bietet der Verlag die „Möglichkeit", auch Texte für die Politik-Seiten zu verfassen. Auch diese Seiten verfasst B meist in seinem Redaktionsbüro, allerdings meist am Vormittag. Er kommt damit auf 40 Stunden in der Woche. Durch seine regelmäßige Mitarbeit für die „Politik" erwarten die Mitarbeiter der Politik-Redaktion seine Verfügbarkeit. Gleichzeitig bearbeitet B natürlich auch Aufträge, die am Vormittag für die Lokalredaktion hereinkommen. Der Verlag stuft die Tätigkeit in Sachen Politik als „frei" ein.

Rechtslage: B ist ein Vollzeit-Redakteur und entsprechend nach Tarifvertrag zu bezahlen. Weil B letztlich ständig für den Verlag arbeitet, ist die Trennung zwischen „Pflicht" und „Frei" nicht möglich. Auch die Arbeit für die Politik-Seiten ist derart in den Arbeitsablauf eingebunden, dass eine Selbstständigkeit nicht vorliegt. Daher gilt die gesamte Tätigkeit als sozialversicherungspflichtig.

☞ *Kapitel IX, Sozialversicherung: Rundfunk – ein Sonderfall*

6. GmbH: Arbeitnehmer – bei sich selbst?

Wer eine GmbH gründet und gleichzeitig deren Geschäftsführer wird, wird meist als selbstständig eingestuft. Allerdings nur, wenn er als Alleingesellschafter praktisch identisch mit der GmbH ist. Auch der Minderheitsgesellschafter kann selbstständig sein, wenn sich aus dem Gesellschaftsvertrag ergibt, dass er eine Sperrminorität hat und dadurch entscheidenden Einfluss auf die Gesellschaft ausübt. Nur wer also Geschäftsführer und Minderheitsgesellschafter ohne Sperrminorität ist, wird als Beschäftigter der GmbH einzustufen sein.

Doch auch wer als GmbH-Gesellschafter selbstständig ist, darf die Sozialversicherung nicht vergessen. Selbstständige GmbH-Gesellschafter sind Pflichtmitglieder der Künstlersozialkasse, wenn die GmbH ihnen Honorare für künstlerische oder publizistische Leistungen zahlt. Das gilt selbst dann, wenn die GmbH mehr als einen Beschäftigten hat (der Gesellschafter gilt hierbei nicht als Beschäftigter), so ein Urteil des Bundessozialgerichts vom 13. März 2001 (Az B 3 KR 12/00 R). Ist der Alleingesellschafter weniger publizistisch, sondern überwiegend als Manager der GmbH tätig, so besteht unter Umständen keine Pflichtmitgliedschaft in der KSK. Diese Frage muss aber mit der KSK abgeklärt werden.

Damit ist aber mit Versicherungspflicht noch nicht Schluss: Auch bei GmbH-Managern kommt eine Versicherungspflicht in Betracht. Denn im Verhältnis zur GmbH ist der selbstständige Allein-/Mehrheitsgesellschafter ein arbeitnehmerähnlicher Selbstständiger. Auf Antrag ist hier bei Nachweis einer ausreichenden sozialen Absicherung eine Befreiung von der Versicherungspflicht möglich.

Zum anderen ist aber auch die eigene GmbH abgabenpflichtig gegenüber der KSK. Und zwar für alle Honorare, die an freie Künstler und Publizisten gezahlt werden. Darunter fallen auch die Honorare, die von der GmbH für publizistische Leistungen an den beherrschenden Gesellschafter gezahlt werden. Damit zahlt der Allein-/Mehrheits-Gesellschafter faktisch gleich zweimal für seine Sozialversicherung – einmal als Versicherter, einmal als Abgabepflichtiger.

Beispiel 8: Journalist K gründet die „K-GmbH", deren einziger Gesellschafter er ist. Er zahlt sich ein Geschäftsführergehalt von monatlich 5.000 € aus. Geschäftsfeld der GmbH sind einzig und allein publizistische Aktivitäten.

Rechtslage: Da K die GmbH beherrscht und damit nicht von ihr sozial abhängig ist, gilt er als Selbstständiger. Als selbstständiger Publizist ist er allerdings in der KSK versicherungspflichtig und muss dorthin seine Versicherungsbeiträge zahlen, ca. 400 €. Außerdem muss die GmbH für die an K gezahlten Honorare 3,9% Künstlersozialabgabe zahlen, d.h. 185 €. Insgesamt zahlt K also etwa 585 € für seine Sozialversicherung. Die 185 € müsste er übrigens selbst dann zahlen, wenn er nicht in der KSK versichert ist.

Wichtig: Eine Aufteilung in publizistische und nicht-publizistische Tätigkeiten ist bei der Berechnung der Abgabe nicht zulässig. Sobald der überwiegende Teil der Einnahmen aus publizistischer Tätigkeit stammt, ist das Geschäftsführergehalt komplett abgabepflichtig. Überwiegt dagegen der nicht-publizistische Anteil am Gehalt und am Umsatz der GmbH, so ist die Versicherungspflicht bei der BfA als „arbeitnehmerähnlicher selbstständiger Nicht-Publizist" zu prüfen.

☛ *Internet: www.vdak.de/gesellschafter_gf.htm*

IX. Sozialversicherung: Rundfunk – ein Sonderfall

1. Sozialversicherungsabzüge und Lohnsteuer – bei Freien

Wer im Rundfunk arbeiten will, wird gerade von öffentlich-rechtlichen Sendern häufig als „freier Mitarbeiter" behandelt. Dennoch werden häufig Sozialversicherungsbeiträge und Steuern wie bei Arbeitnehmern abgezogen.

Hintergrund: Im Rundfunk ist eine „echte" freie Mitarbeit oft nicht möglich. Da viele Arbeiten nur durch Mitarbeit in Teams bzw. mit Vorgesetzten erfolgt und im aktuellen Bereich nur mit ständiger Dienstbereitschaft möglich ist, d.h. durch intensive Einbindung in den Betrieb, sind Rundfunk-Mitarbeiter in vielen Fällen als sozialversicherungspflichtige Beschäftigte einzustufen.

Auf Druck der Sozialversicherung und der Finanzbehörden sorgen die Sender teilweise für die richtige Einstufung als Arbeitnehmer im sozialversicherungs- und steuerrechtlichen Sinn. Allerdings behandeln sie die Mitarbeiter trotzdem als „Freie" im arbeitsrechtlichen Sinne, weil die staatlichen Prüfer nicht befugt sind, auch den arbeitsrechtlichen Arbeitnehmerstatus durchzusetzen. Das müssen entweder der Betriebs-/Personalrat oder die Freien selbst tun.

Viele Freie setzen sich gegen ihre arbeitsrechtliche Einstufung als „frei" nicht zur Wehr, weil sie Angst vor Kündigung bzw. Auftragsentzug haben und fürchten, dass die Sender Schützenhilfe von den Gerichten bekommen. Doch anders ist es bei den Sozialversicherungsbehörden: Sie jedenfalls brauchen mit keiner „Kündigung" zu rechnen. Und deswegen sorgen sie zumindest in ihrem Gebiet für – theoretisch – klare Regeln.

Die Sozialversicherungsträger haben in einem Schreiben vom 30. Mai 2000 ausführlich Stellung zur sozialversicherungsrechtlichen Lage an den Sendern genommen. Als selbstständig kann danach nur anerkannt werden, wer das inhaltliche Programm durch seine journalistische Tätigkeit entscheidend gestaltet, also mit hoher Kreativität selbst bestimmt.

Als Beschäftigte gelten solche programmgestaltenden Mitarbeiter aber dann, wenn sie regelmäßig für Sendereihen tätig sind oder in nicht unerheblichem Umfang zur Arbeit herangezogen werden. Ebenfalls als Beschäftigte gelten diejenigen, die in nicht unerheblichem Umfang ohne besondere Vertragsverhandlungen eingesetzt werden.

Umgekehrt als Selbstständige können diejenigen anerkannt werden, die – wie bisher auch – für einzelne Produktionen einzelvertraglich verpflichtet werden. Das gilt aber wiederum nicht bei *Sendereihen, bei denen ständige Dienstbereitschaft erwartet wird.*

Kurz: Wer regelmäßig und intensiv in den Sendern mitarbeitet, steht zwangsläufig unter dem Schutz der allgemeinen Sozialversicherung. Frei ist nur derjenige, der punktuell und unregelmäßig mit dem Sender arbeitet und in ganz verschiedenen Arbeitsbereichen produziert. Diese „echten" Freien können bzw. müssen sich in der Künstlersozialkasse versichern.

Das Rundschreiben der Sozialversicherung im Wortlaut:

„Ein programmgestaltender Mitarbeiter bringt typischerweise seine eigene Auffassung zu politischen, wirtschaftlichen, künstlerischen oder anderen Sachfragen, seine Fachkenntnisse und Informationen, sowie seine individuelle künstlerische Befähigung und Aussagekraft in die Sendung ein, d.h. durch sein Engagement und seine Persönlichkeit wird der Inhalt der Sendung weitgehend bestimmt. Bei dieser Art der Tätigkeit ist zu unterscheiden zwischen einem vorbereitenden Teil, einem journalistisch-schöpferischen oder künstlerischen Teil und dem technischen Teil der Ausführung. Überwiegt die gestalterische Freiheit und wird die Gesamttätigkeit vorwiegend durch den journalistisch-schöpferischen Eigenanteil bestimmt, ist eine selbständige Tätigkeit anzunehmen.

Die Selbständigkeit des programmgestaltenden Mitarbeiters wird im Übrigen nicht schon durch die Abhängigkeit vom technischen Apparat der Sendeanstalt und der Einbindung in das Produktionsteam ausgeschlossen.

Die programmgestaltenden Mitarbeiter stehen jedoch dann in einem abhängigen Beschäftigungsverhältnis, wenn die Sendeanstalt innerhalb eines bestimmten zeitlichen Rahmens über die Arbeitsleistung verfügen kann. Dies ist anzunehmen, wenn ständige Dienstbereitschaft erwartet wird oder der Mitarbeiter in nicht unerheblichem Umfang ohne Abschluss entsprechender Vereinbarungen zur Arbeit herangezogen werden kann.

Darüber hinaus sind die folgenden Gruppen von freien Mitarbeitern selbständig tätig, wenn sie für Produktionen einzelvertraglich verpflichtet werden. Dabei ist es ohne Bedeutung, ob die freien Mitarbeiter wiederholt, d.h. für verschiedene oder ähnliche Produktionen im Jahr – jedoch nicht für Sendereihen, für die ständige Dienstbereitschaft erwartet wird – verpflichtet werden. (...)" (Es folgt eine Aufzählung von Berufsgruppen, zu denen auch Journalisten gehören)

Wird der freie Mitarbeiter für denselben Auftraggeber in mehreren zusammenhängenden Leistungsbereichen tätig, wobei in einem Fall eine selbstständige, im anderen eine nichtselbstständige Beschäftigung vorliegt, so soll die nach dem Gesamterscheinungsbild (bzw. nach der Honorarhöhe) überwiegende Tätigkeit als einheitliche nichtselbstständige oder selbstständige Beschäftigung gelten.

Beispiel 1: Journalist J arbeitet zum einen im Drehteam der „Aktuell"-Redaktion A, wo er im Jahr 25.000 € verdient. Außerdem arbeitet er als Autor von Drehbüchern für die „Zeitgeschichte-" Redaktion und verdient dort 26.000 € im Jahr.

Rechtslage: Da J überwiegend frei für den Sender arbeitet, gilt die gesamte Tätigkeit als selbstständig.

Beispiel 2: Wie voriges Beispiel, nur verdient J bei „Aktuell" 26.000 €, bei „Zeitgeschichte" 25.000 €.

Rechtslage: Die gesamte Tätigkeit von J ist voll sozialversicherungspflichtig, da er überwiegend als Beschäftigter arbeitet.

Da die Sender nicht im Voraus wissen, welche Tätigkeitsform überwiegt, legen einige Sender ihrer Einstufung die Honorarverteilung des jeweiligen Vorjahres zu Grunde. Das bedeutet: Wer im Jahr 2000 überwiegend frei gearbeitet hat, gilt im Jahre 2001 beim Sender für alle Honorare als frei. Arbeitet er im Jahr 2001 dann überwiegend „eigentlich" abhängig beschäftigt, so gilt er für alle Tätigkeiten im Jahr 2002 als Beschäftigter mit den entsprechenden Sozialversicherungsabzügen.

2. Unständig Beschäftigte

Wer sehr unregelmäßig arbeitet, ist im Grunde genommen den einen Tag arbeitslos, den anderen Tag beschäftigt. Für solche Personen macht eine Arbeitslosenversicherung keinen Sinn – weil sie eigentlich ständig arbeitslos sind. Der Gesetzgeber nimmt daher unständig Beschäftigte von der Arbeitslosenversicherungspflicht aus.

Außerdem gilt bei unständig Beschäftigten, dass sie mindestens alle drei Woche einen Einsatztag haben müssen, weil sie sonst den Schutz der gesetzlichen Krankenversicherung verlieren. Wer von vornherein weiß, dass er in den nächsten drei Wochen keinen Einsatztag mehr hat, verliert den Schutz sofort, wobei er für weitere vier Wochen einen eingeschränkten Versicherungsschutz hat („Nachwirkende Versicherung"), in dem es jedoch beispielsweise keinen Krankengeldanspruch gibt. Wer dagegen nicht sofort weiß (und wer würde das schon zugeben bzw. welche Krankenkasse könnte das tatsächlich herausfinden), ob er in den nächsten drei Wochen einen Anspruch hat, verliert den Schutz am 21. Tag nach dem letzten Einsatztag – und dann beginnen die vier Wochen der eingeschränkten, nachwirkenden Versicherung.

Freilich: Wer nicht mehr gesetzlich versichert ist, kann sich innerhalb von drei Monaten nach dem Ende der Versicherungspflicht schriftlich um eine freiwillige Versicherung bemühen, die allerdings teurer ist als die Versicherung über den Sender. Oder er beantragt sofort die Mitgliedschaft in der Künstlersozialkasse, wenn er noch andere selbstständige journalistische Tätigkeiten ausübt.

3. Freie als „ständig Beschäftigte"

Die Sozialversicherungsträger betrachten Mitarbeiter dann als ständig beschäftigt und damit arbeitslosenversicherungspflichtig, wenn sie regelmäßig innerhalb eines bestimmten Zeitrahmens tätig sind, bzw. nach Rahmenverträgen wiederholt als Abrufkräfte arbeiten. Da viele freie Mitarbeiter an Rundfunkanstalten „unter Prognose", d.h. nach bestimmten regelmäßigen monatlichen Einsatztagen arbeiten, außerdem generelle Honorarbedingungen, Tarifverträge oder Rahmenverträge auf sie angewendet werden, müssten sie eigentlich entsprechend als ständig Beschäftigte eingestuft werden. Vertragsverhandlungen finden zudem selten statt, vielmehr kommt nach jedem „Auftrag" pro forma ein umfangreiches Vertragskonvolut, das mit Unterschrift versehen an den Sender zurückzuschicken ist: Auch das spricht weder für eine wirkliche freie Mitarbeit noch für eine unregelmäßige Beschäftigung.

Nur einige Rundfunkanstalten – insbesondere der Sender Freies Berlin, Radio Bremen, der Saarländische Rundfunk und seit dem Jahr 2001 das ZDF – scheinen für die ordnungsgemäße Arbeitslosenversicherung ihrer Freien zu sorgen. Wer auf diese Weise als ständig beschäftigt gilt, braucht sich auch keine Sorgen um das „Drei-Wochen-Loch" zu machen, da er dann für alle Tage eines Monats als versichert gilt.

☛ *Rundschreiben der Sozialversicherung zur unständigen Beschäftigung vom 31. Mai 2000, www.vdak.de/unstaendigbeschaeftigte.htm*

Selbst im Falle einer Arbeitslosenversicherung kann es jedoch zu Problemen kommen: Manche Arbeitsämter lehnen bei Freien trotz vorheriger Beitragszahlung die Auszahlung von Arbeitslosengeld mit dem Argument ab, dass die Antragsteller keine versicherungspflichtigen Arbeitnehmer gewesen seien, weil sie eben doch als unständig Beschäftigte gelten würden.

Vor solchen Überraschungen können sich Freie schützen: Die Bundesanstalt für Arbeit kann eine Bestätigung darüber ausstellen, dass sie die Abführung von Arbeitslosenversicherungsbeiträgen für richtig hält. Wenn sie die Bestätigung abgegeben hat, ist sie daran für 5 Jahre gebunden. Daher sollten gerade sozialversicherungspflichtige freie Mitarbeiter an Rundfunkanstalten einen solchen Antrag stellen. Rechtsgrundlage: § 336 SGB III.

Der Antrag ist allerdings nicht direkt bei der Bundesanstalt zu stellen, sondern bei derjenigen Krankenkasse, an die der Arbeitgeber die Sozialversicherungsbeiträge überweist. Das ist bei allen gesetzlich Krankenversicherten die eigene Krankenkasse, die Privatversicherten die letzte eigene gesetzliche Krankenkasse oder aber die zuständige Ortskrankenkasse (AOK) am Sitz des Betriebs. Hat dagegen erst gerade eine Betriebsprüfung der Landesversicherungsanstalt (LVA) oder der Bundesversicherungsanstalt für Angestellte (BfA) stattgefunden und wurde dort die Versicherungspflicht bejaht, so kann der Antrag auch bei der LVA/BfA gestellt werden.

4. Trotz klarer Verwaltungsregelungen: Sozialversicherungs- und Abzugs-Chaos in der Praxis

Trotz theoretisch klarer sozialversicherungsrechtlicher Regelungen müssen vor allem Freie, die im öffentlich-rechtlichen Rundfunk arbeiten, mit zahlreichen unangenehmen Überraschungen rechnen. Zwar gibt es Tarifverträge für arbeitnehmerähnliche Mitarbeiter mit bestimmten „Bonbons" (Urlaub, Krankengeldzuschuss etc.), jedoch herrscht dafür ein Abzugs- und Steuer-Chaos: Jede Anstalt praktiziert ihr eigenes Sozialversicherungs- und Steuer„recht".

Einige Anstalten ziehen ihren Mitarbeitern generell von allen Honoraren Sozialversicherungsbeiträge und Steuern ab, andere gar nicht, viele jedoch fallweise nach Auftragsart, einige wiederum nur Sozialversicherungsbeiträge, aber keine Lohnsteuer. Andere wiederum, die mit Rahmenvertrag arbeiten, haben keine Abzüge, werden aber wegen Scheinselbstständigkeit nicht in die KSK aufgenommen und sitzen so zwischen allen Stühlen.

Einige zahlen den Krankenversicherungszuschuss zudem nur zu Bruchteilen aus, andere erst am Jahresende nachträglich, andere wiederum voll. Begründung für die – rechtswidrige – bruchteilsweise Auszahlung: Der Mitarbeiter könne ja eventuell noch für andere Arbeitgeber arbeiten und dort Krankenversicherungszuschüsse erhalten. Daher müsse er reduziert ausgezahlt werden. So erhalten beispielsweise beim Südwestrundfunk (SWR) den vollen Zuschuss nur diejenigen, die 21 Einsatztage im Monat erreichen.

Wer beim Sender Freies Berlin (SFB) bis zum 31. Juni eines jeden Jahres keinen expliziten Antrag auf Krankenversicherungszuschuss gestellt hat, muss sich von der Abteilung Honorare und Lizenzen die „Verjährung" entgegenhalten lassen – obwohl für solche Ansprüche eine gesetzliche Verjährungsfrist von mindestens vier Jahren gilt.

Andere Anstalten orientieren sich bei der Sozialversicherung an den Vertragsarten, die ein Mitarbeiter bekommt. Tarifvertraglich bzw. laut Honorarbedingungen der Anstalten gibt es die Unterscheidung zwischen „Mitwirkenden" und „Urhebern". Mitwirkende sind diejenigen, die mit Teams des Senders bzw. mit erheblicher Einbindung in den Betrieb des Senders tätig sind, während die Urheber von außen zuarbeiten. Weil die Mitwirkenden sehr fest eingebunden sind, werden sie von den Sendern meist als sozialversicherungspflichtig eingestuft. Das gilt vor allem im Bereich der TV-Produktion. Die Urheber dagegen werden häufig als echte Selbstständige eingestuft.

Zwar ist die Wahl der Vertragsart auf diese Weise tarifvertraglich bzw. durch die Honorarbedingungen geregelt, dennoch scheint offenbar in einigen Sendern die zuständige Abteilung, die so genannte Abteilung „Honorare und

Lizenzen", gelegentlich von diesen Regelungen abzuweichen und die Vertragsarten nach ganz eigenen Kriterien zu vergeben. Da sich die tarifvertraglichen Urhebervergütungen nach Vertragsart unterscheiden, wählen einige Anstalten offenbar diejenige Vertragsform, die sie am wenigsten kostet, also meist Mitwirkenden-Verträge.

Obwohl die Tarifverträge verlangen, dass Verträge vor der Auftragserteilung geschlossen werden müssen, werden sie den freien Mitarbeiter zudem meistens erst nach Ablieferung und Sendung zugeschickt. So muss sich jeder Mitarbeiter überraschen lassen, welche Vertragsart kommt und welche Abzüge in Kauf zu nehmen sind.

Weiterhin versuchen viele Anstalten, selbst bei denjenigen, die zweifellos als sozialversicherungspflichtige Beschäftigte gelten, Sonderregelungen in Anspruch zu nehmen. Hier kann von einem abgestuften System der Sozialversicherungsflucht gesprochen werden:

Sozialversicherungsrechtlich werden freie Mitarbeiter nicht als normale Beschäftigte angemeldet, sondern – 1. Stufe – als „Aushilfen", die bis zu 50 Tage ohne Sozialversicherung (und damit unter Umständen ohne jeden Schutz) arbeiten. Und das, obwohl als Aushilfen nur ein bestimmter Personenkreis in Frage kommt (Studenten, Hausfrauen/-männer, Rentner).

Auf der 2. Stufe werden Mitarbeiter als „unständig Beschäftigte" auf Tagesbasis gemeldet, die ohne Arbeitslosenversicherung arbeiten müssen, außerdem mit sozialversicherungsrechtlichen Lücken beim Krankengeld.

Auf der 3. Stufe werden Mitarbeiter als „ständig Beschäftigte" gemeldet, die auch Arbeitslosenversicherung haben, aber eventuell jedes Jahr ihren Status zwischen „Beschäftigung" und „Freiheit" wechseln müssen.

Indem die Sender Mitarbeiter auf Tagesbasis und damit als unständig Beschäftigte abrechnen (während viele eben nicht nur 8 Tage arbeiten, sondern mit Vor- und Nachbereitung den ganzen Monat), sind die Mitarbeiter nicht ständig sozial abgesichert, sondern verlieren bei mehr als dreiwöchiger Pause – abgesehen vom genehmigten Urlaub – den gesetzlichen Versicherungsschutz (bis sie wieder einen Beschäftigungstag haben).

Manche Mitarbeiter müssen – in Anwendung des geltenden Sozialversicherungsrechts – einmal jährlich zwischen KSK und allgemeiner Sozialversicherung hin- und herwechseln. Die Sender informieren die Freien aber nicht immer über den beabsichtigten Statuswechsel, was unter Umständen zu empfindlichen Versicherungslücken oder aber auch zu einer unsinnigen Doppelversicherung führen kann: Wer zum Beispiel erst Anfang Februar auf seiner Januar-Abrechnung bemerkt, dass er wieder als „frei" gilt und sich deswegen sofort bei der KSK versichert, hat den dortigen Versicherungsschutz erst ab Februar, weil bei der KSK die Versicherungspflicht erst mit der Meldung beginnt. Im Januar bestand also eine empfindliche Versicherungslücke!

Gleichzeitig kann es passieren, dass ein von Freien mühsam aufgebautes System der Privatabsicherung durch die Einstufung als sozialversicherungspflichtig ins Wanken kommt bzw. über Monate doppelt neben der Sozialversicherungspflicht weiter läuft, weil entsprechende Kündigungen und Anpassungen nicht sofort veranlasst werden können. Besonders ärgerlich wird dies bei mehrmaligen Hin- und Herwechseln zwischen Sozialversicherungspflicht und „Freiheit".

Bei manchen Freien werden Sozialversicherungsbeiträge sogar jahrelang vom Honorar abgezogen und an die AOK abgeführt, selbst wenn der so Versicherte davon nichts weiß und privat oder anderweitig freiwillig gesetzlich versichert ist.

Zutreffend wäre es in vielen Fällen, wenn die betroffenen Freien nicht tageweise, sondern als ständig Beschäftigte mit 30/31 Tagen abgerechnet werden würden, weil dann der sozialversicherungsrechtliche Komplettschutz gegeben wäre. Die Sender wollen das vermutlich auch deswegen nicht, weil sie mit der formalen Begrenzung auf vier bzw. acht Tage ein Argument zu haben glauben, falls einer der falschen Freien eine arbeitsrechtliche Statusklage erheben will. Denn dann kann er nach ihrer Ansicht nur ein Arbeitsverhältnis von vier bzw. acht Tagen pro Monat durchsetzen. Diese Auffassung ist zwar mehr als fragwürdig, ist aber anscheinend der Grund für die falsche Einstufungspraxis.

5. (Gar nicht seltener) Sonderfall:
Arbeit für mehrere Rundfunkanstalten

Fall 1: KSK- und Steuerselbstständige/r an mehreren Rundfunkanstalten

Wer für mehrere Rundfunkanstalten arbeitet, hat in der Regel keine besonderen Probleme, wenn bei allen anerkannt wird, dass er/sie Mitglied in der KSK und steuerlich selbstständig ist. Wer einen zweiten, dritten oder vierten Sender als Auftraggeber gewinnt, muss seine Abführungen an die KSK und ans Finanzamt erhöhen – und das war es dann schon. Bei der KSK muss der/die Freie das Arbeitseinkommen nach oben korrigieren, beim Finanzamt müssen die Einkommensteuer- und Umsatzsteuervorauszahlungen nach oben angehoben werden.

Fall 2: KSK- und steuerselbstständig an einer Anstalt, Abzüge an weiteren Anstalten

Da jede Rundfunkanstalt für ihren Tätigkeitsbereich selbst zu entscheiden hat, welches die richtige Sozialversicherung und Steuerart ist, muss sie sich nicht nach den Entscheidungen anderer Anstalten richten. Daher kann es passieren, dass jemand, der/die bei Rundfunkanstalt A als KSK- und Steuerselbstständige/r arbeitet, bei Rundfunkanstalt B als sozialversicherungspflichtig und lohnsteuerpflichtig eingestuft wird.

Sofern dagegen nicht bei der HoLi bzw. per Rechtsweg über Clearingstelle BfA und Einspruchsverfahren beim Finanzamt erfolgreich vorgegangen werden kann, sind Abzüge zumindest nicht in unbegrenzter Höhe hinnehmen. Zuallererst gilt natürlich: Dem Sender mitteilen, in welcher Krankenkasse man/frau versichert ist bzw. ob man/frau beim anderen Sender wegen Überschreiten der Beitragsbemessungsgrenze von der Gesetzlichen befreit ist! Außerdem: Lohnsteuerkarte abgeben, wenn der Sender partout nicht von der steuerlichen Selbstständigkeit zu überzeugen ist!

Hinsichtlich der Kranken- und Pflegeversicherung gilt grundsätzlich: Wer hauptberuflich selbstständig ist, also im betreffenden Monat überwiegend Einkommen aus selbstständiger (sozialversicherungsfreier) Tätigkeit erhält (das beurteilt sich im Zweifel nach dem bei der KSK gemeldeten erwarteten Jahresarbeitseinkommen, umgerechnet auf den Monat!), muss keine Kranken- und Pflegeversicherungsabzüge hinnehmen, wenn er/sie einmal sozialversicherungspflichtig arbeitet. Das ist unabhängig davon, ob bei der KSK die private oder die gesetzliche Krankenversicherung gewählt wurde. Also gibt es Geld zurück von der Krankenkasse, wenn trotzdem Abzüge erfolgen! Wer der Buchhaltung das schon vor Arbeitsaufnahme klarmacht, kann verhindern, dass überhaupt K- und P-Abzüge erfolgen.

Beispiel: Journalistin J verdient monatlich 2.500 € aus Tätigkeiten, die der Sender A (oder Tageszeitung T) als selbstständig anerkennt und ohne SV-Abzüge auszahlt. J hat ein Arbeitseinkommen (Honorar nach Abzug der Betriebsausgaben) von jährlich 18.000 €, also monatlich 1.500 € an die KSK gemeldet. Verdient J jetzt im Monat Februar beim Sender B 1.100 € und werden diese vom Sender als sozialversicherungspflichtig eingestuft, so sind die 1.100 € dennoch kranken- und pflegeversicherungsfrei, da die KSK-Tätigkeit beim Sender A gegenüber der beim Sender B überwiegt (1.500 > 1.100).

Umgekehrt gilt: Wenn überwiegend Geld aus der sozialversicherungspflichtigen Tätigkeit verdient wird, hat die KSK den Abzug von K- und P-Beiträgen zu unterbrechen. Normalerweise passiert das automatisch, wenn dem Sender, der die Abzüge praktiziert, die Krankenkasse des/der Freien bekannt ist. Deswegen ist es so wichtig, dem Sender die Krankenkasse mitzuteilen! Ansonsten überweist er es an die örtliche AOK, die es gerne vereinnahmt, aber sonst so recht nichts damit anzufangen weiß.

Privatversicherte KSK-Mitglieder müssen allerdings dann, wenn die sozialversicherungspflichtige Tätigkeit gegenüber der KSK-freien Tätigkeit überwiegt, trotz ihrer bestehenden privaten Krankenversicherung Abzüge zur Krankenkasse hinnehmen – das Geld geht an die örtliche AOK. Ausnahme: Das Honorar beim sozialversichernden Sender liegt über der Beitragsbemessungsgrenze.

Ansonsten kann man nichts dagegen tun, es sei denn, man/frau überzeugt den Sender, dass die freie KSK-Tätigkeit doch der prägende Hauptberuf ist. Wer schon immer mal wieder in die Gesetzliche wechseln wollte, kann die Chance aber nutzen, um in die Gesetzliche zurück zu gelangen. Die private Krankenversicherung kann bei Eintritt der Versicherungspflicht in der Gesetzlichen gekündigt werden, – alternativ besteht auch die Möglichkeit, die Versicherung in eine kostengünstigere Anwartschaftsversicherung umzuwandeln. Eine weitere Ausnahme besteht für diejenigen, die beim zweiten Sender über der Beitragsbemessungsgrenze verdienen und von der Kranken- und Pflegeversicherung befreit sind: Dann sind Abzüge unzulässig, sofern dem Sender mitgeteilt wurde, dass eine private Kranken- und Pflegeversicherung vorhanden ist.

Hinsichtlich der *Rentenversicherungsabzüge* gilt: Wer aus einer sozialversicherungspflichtigen Beschäftigung mindestens in Höhe der Hälfte der Beitragsbemessungsgrenze in der Rentenversicherung verdient (Westen: 2224,12 €), bei dem wird die Versicherung in der KSK für den jeweiligen Monat unterbrochen – das heißt man spart die Beiträge bei der KSK. Liegt der Betrag unter 2.224,12 €, so dürfen von KSK und Beschäftigung zusammen gerechnet nicht mehr als in Höhe der Beitragsbemessungsgrenze abgeführt werden – also maximal aus 4.448,24 € im Monat. Da es hier häufig passiert, dass die Rundfunkanstalten die SV-Beiträge ohne Rücksicht auf eventuelle andere Einkünfte abführen, KSK und BfA das aber nicht wirklich nachvollziehen, wird hier zu viel gezahlt – z.B. 9,55% aus 6.500 € statt aus maximal 4.448,24 € – eine Differenz von immerhin 200 € im Monat! Mehr Rente gibt es deswegen nicht.

Daher sollte in dieser Fallkonstellation der Sender stets über das bei der KSK gemeldete Arbeitseinkommen informiert sein, andererseits vom Freien selbst per Antrag bei der Krankenkasse regelmäßig geprüft werden, ob eine Überzahlung erfolgt ist. Solche sinnlosen Doppelzahlungen erfolgen vor allem dann, wenn man/frau dem Sender seine Krankenkasse nicht mitgeteilt hat bzw. bei Privatversicherten, wenn dem Sender die Rentenversicherungsnummer nicht bekannt ist.

Tipp: Prüfen Sie spätestens am Ende eines jeden Jahres, ob Sie zu viel Sozialversicherungsbeiträge gezahlt haben, sofern Sie in einzelnen Monaten an zwei oder mehreren Rundfunkanstalten Honorare von zusammengerechnet über der Beitragsbemessungsgrenze in der Krankenversicherung (3.336,18 €; 2001) erhalten haben. Sie können Ihre Abrechnungen bei der Krankenkasse einreichen und eine Rückerstattung von eventuellen Überzahlungen fordern!

Arbeitslosenversicherungsbeiträge sind bis zur Beitragsbemessungsgrenze zu zahlen, die der in der Rentenversicherung entspricht. Entsprechend können Überzahlungen auch hier zurückgefordert werden.

Tipp: Wer Einkommen aus einer sozialversicherungspflichtigen Tätigkeit zusätzlich zu einer freien Tätigkeit verdient, darf nur das letztere für die Meldung des Arbeitseinkommen bei der KSK als Grundlage nehmen. Sonst wird erheblich zu viel abgeführt! Beispiel: SV-Tätigkeit beim Sender 2.000 €, sonstige freie Tätigkeit mit Honoraren von 3.000 € und Betriebsausgaben von 1.000 € = Arbeitseinkommen bei KSK 2.000 € im Monat bzw. 24.000 € im Jahr.

Wer steuerlich beim einem Sender selbstständig ist, bei einem anderen lohnsteuerpflichtig, muss für seine Einkommen- und Umsatzsteuervorauszahlungen nur die Honorare aus der selbstständigen Tätigkeit abrechnen. Für die jährliche Einkommensteuererklärung sind allerdings beide Einkommensarten abzurechen – die lohnsteuerpflichtige Tätigkeit auf Anlage N und die steuerlich selbstständigen Einnahmen auf Anlage GSE.

Fall 3: Sozialversicherungsabzüge und Lohnsteuer an mehreren Rundfunkanstalten

Wer bereits bei mehreren Rundfunkanstalten mit Sozialversicherungsabzügen arbeitet, wird behandelt wie Arbeitnehmer mit mehreren Jobs – es sind insgesamt Abzüge bis zu bestimmten Höchstgrenzen, den so genannten Beitragsbemessungsgrenzen hinzunehmen. Diese Grenze gilt für die Summe aus allen Arbeits- bzw. Beschäftigungsverhältnissen. Da aber die Rundfunkanstalt A nicht weiß, ob und wie viel die Rundfunkanstalt B dem/der Freien im Monat X auszahlt, kann es sich ergeben, dass sowohl A und B zusammengerechnet mehr Sozialversicherungsbeiträge abziehen, als es nach der Beitragsbemessungsgrenze zulässig ist.

Beispiel: A zieht 20% Sozialversicherung aus 2.000 € Honorar ab, B ebenfalls 20% aus 3.000 € Honorar. Die gesamten Abzüge sind also 20% aus 5.000 €, also 1.250 €. Nach den geltenden Beitragsbemessungsgrenzen ist ein Abzug aber nur zulässig in Höhe von 7,2 % (Beispielswert für Arbeitnehmeranteil, von gewählter Krankenkasse abhängig) aus 3.336,18 € (Kranken- und Pflegeversicherung Beitragsbemessungsgrenze) und weiteren 12,8% aus 4.448,24 € (Renten- und Arbeitslosenversicherung Beitragsbemessungsgrenze), also insgesamt 810 €. Mehr als 400 € zu viel im Monat! (Werte für 2001, Rentenwert nur West)

Wenn Freie regelmäßig den gleichen Monatsbetrag bei zwei oder mehr Sendern verdienen, so können sie von deren Buchhaltung unter Vorlage von Bescheinigungen der anderen Sender eine Reduzierung der Abzüge im Voraus verlangen. Da die meisten Freien allerdings gar nicht im Voraus wissen, wie viel sie bei (welchem) Sender(n) verdienen, bleibt als einzige Lösung: Nach Erhalt aller Monatsabrechnungen der verschiedenen Sender ein Schreiben an die Krankenkasse zu schicken, mit dem die Neuberechnung und Rückerstattung der Beiträge gefordert wird. Das kann monatlich, quartalsweise oder jährlich erfolgen. Aber: Nach vier Jahren verjähren Rückerstattungsansprüche!

Bei der *Lohnsteuer* kommt es zu weiteren Komplikationen: Wer beim Sender A bereits seine Lohnsteuerkarte abgegeben hat, kann bei Sender B und C jeweils nur mit Lohnsteuerkarte Klasse VI arbeiten, muss also automatisch den höchsten Steuerabzug in Kauf nehmen. Auch hier gilt in jedem Falle: Lohnsteuerkarte abgeben, weil die Steuerabzüge mangels Dokumentation sonst nicht beim Steuerausgleich am Jahresende geltend gemacht werden können! Die Lohnsteuerklasse VI führt zusammengerechnet mit SV-Abgaben schnell zu einer Kürzung von bis zu 70% – und erst nach dem Lohnsteuerausgleich gibt es einen Teil davon zurück.

In solchen Konstellationen, gerade wenn eine mehrfache Mitarbeit bei verschiedenen Rundfunkanstalten erfolgt, ist die steuerliche Selbstständigkeit zu empfehlen, wenn man/frau auf die sofortige Liquidität angewiesen ist und nicht bis zum nächsten Jahresanfang abwarten will. Mehr zur steuerlichen Selbstständigkeit s.o.

Eine sonstige, aber in vielen Fällen nicht praktikable Möglichkeit zur Senkung des Lohnsteuerabzugs ist die Eintragung von Freibeträgen, insbesondere wenn hohe Werbungskosten geltend gemacht werden können. Die Eintragung von Freibeträgen auf den weiteren Lohnsteuerkarten ist nur bei Wenigverdienern (Einkommen nicht über ca. 7.000 €, je nach Steuerklasse) denkbar und bei Freien mit monatlich differierenden Einkommen nicht möglich.

Tipp: Je mehr andere Auftraggeber Sie dem Sender nennen können, um so eher kann er Ihnen die steuerliche Selbstständigkeit einräumen!

6. Schlussfolgerungen

Viele Freie sagen sich: „Wenn mich der Sender zum schlecht abgesicherten Tagelöhner macht und nicht als Arbeitnehmer anerkennt, dann will ich auch in voller Konsequenz als Selbstständiger gelten, z.B. Mitglied der Künstlersozialkasse werden und steuerrechtlich selbstständig sein, da habe ich weniger Abgaben."

Die Mitgliedschaft in der KSK ist jedoch längst nicht so vorteilhaft, wie dies viele Freie annehmen. Wesentliche soziale Leistungen, die bei einer Sozialversicherung über den Sender gezahlt werden, sind dort nicht gegeben. Eine KSK-Mitgliedschaft kann allerdings bei Arbeit für mehrere Rundfunksender die praktikablere Lösung sein.

Bei der steuerlichen Selbstständigkeit fallen 7 Prozent Mehrwertsteuer an, die von den öffentlich-rechtlichen Anstalten nicht zusätzlich zum Honorar gezahlt wird, sondern aus dem Überweisungsbetrag herausgerechnet werden muss. Grund: Für die Rundfunkanstalten ist die Mehrwertsteuer kein „durchlaufender Posten", sondern wegen ihrer fehlenden Berechtigung zum Vorsteuerabzug tatsächlich ein zusätzlicher Kostenpunkt. Dadurch erhalten steuerlich Selbstständige automatisch 7 Prozent weniger Honorar als Freie, die über Lohnsteuerkarte arbeiten. Es sei denn, sie haben hohe Vorsteuern oder machen zumindest die Vorsteuerpauschale in Höhe von 4,8 Prozent geltend – dann reduziert sich der Verlust auf 2,2 Prozent.

Die Sender wiederum stellen sich angesichts dieser Probleme gegenüber den Freien gerne als Verfolgte der Sozialversicherung dar. Wenn es nach ihnen ginge, würden sie alle Honorare frei auszahlen. Das ist sicherlich zutreffend: Manche Verantwortlichen würden sogar gerne sämtliche Festangestellten zu freien Mitarbeitern machen.

Doch die Verantwortlichkeit für die Misere der Rundfunk-Freien liegt eindeutig bei den Sendern. An Stelle einer verantwortlichen Personalpolitik haben sie sich ein Heer von schlecht abgesicherten, ständig abstoßbaren Billigkräften zugelegt. Arbeitsrechtliche Verpflichtungen bekämpfen sie tagtäglich sie mit rabiater Vertragspraxis und ständigen Berufungen vor den Arbeitsgerichten. Die Vorgaben der Sozialversicherungsträger werden gleichfalls stets wieder in Frage gestellt und jeder juristische Winkelzug ausgetestet.

Die Rundfunk-Freien sind die Opfer dieses Kampfes, da sie sich in einem von den Sendern geschaffenen juristischen Vakuum befinden, in dem prinzipiell alles möglich zu sein scheint: So gewöhnen sich viele Freie über Jahre daran, dass sie als „frei" gelten und richten sich steuerlich und absicherungsmäßig darauf ein. Nach mancher Betriebsprüfung muss dieser Status dann aber binnen Tagen geändert werden, wenn die Sozialversicherungsträger herausfinden, dass eine Beschäftigung vorlag. Kein Wunder, dass ein solch rasanter Wechsel Unmut bei den Freien selbst schafft!

Politik und Sozialversicherungsbehörden sind daher gefordert, für die konsequente Anwendung arbeits- und sozialversicherungsrechtlicher Regelungen in den Sendern zu sorgen, gerade auch im öffentlich-rechtlichen Bereich.

☞ *Internet, DJV-Handreichungen: „Die Künstlersozialkasse – eine soziale Absicherung für Rundfunk-Freie?" und „Freie im öffentlich-rechtlichen Rundfunk – Überblick und Tipps" unter www.djv.de/freie/download.html*

☞ *Aktuelle Beitragsbemessungsgrenzen: www.bma.de und www.vdak.de/arbeitgeber.htm*

X. Sozialversicherungsrecht: Vermutungsregel und Versicherungspflicht-Verzicht

1. Arbeitsrechtlich ohne Relevanz

Die rot-grüne Koalition hat 1999/2000 Spezialregelungen zur Scheinselbstständigkeit eingeführt. Davon zu nennen ist in erster Linie die „Vermutungsregel", auf Grund derer die Scheinselbstständigkeit bei Vorliegen bestimmter Voraussetzungen vermutet werden kann. Außerdem ist der „Versicherungspflicht-Verzicht" zu erwähnen. Diese Regelungen ändern das bisherige Recht grundsätzlich allerdings nicht, sondern ergänzen es nur. Außerdem betreffen sie nur die *Sozialversicherung*.

Auswirkungen auf das Arbeitsrecht haben diese Regelungen nicht. Wenn Scheinselbstständige ihren Arbeitnehmerstatus vom Arbeitsgericht feststellen lassen wollen, können sie das nach den traditionellen Regelungen: Arbeitnehmer ist, wer in den Betrieb des Auftraggebers eingegliedert ist und weisungsabhängig arbeitet. Gleiches gilt, wenn der Betriebs-/Personalrat die Scheinselbstständigen als Redakteure eingruppieren will.

☞ *Scheinselbständige und arbeitnehmerähnliche Selbständige, Broschüre A 217, Bundesministerium für Arbeit und Sozialordnung, Internet: www.bma.de/download/broschueren/a217.pdf*

2. Bedeutung nur in der Sozialversicherung

Die neuen Regelungen gelten nur in sozialversicherungsrechtlicher Hinsicht. Die Sozialversicherungsprüfer dürfen annehmen, dass ein Beschäftigungsverhältnis vorliegt, wenn mindestens drei der folgenden fünf Kriterien vorliegen:

Erstens: Der Auftragnehmer beschäftigt regelmäßig keine versicherungspflichtigen Arbeitnehmer mit einem Entgelt von mehr als 630 DM. Allerdings werden auch Arbeitsverträge mit Familienangehörigen als Gegenbeweis anerkannt.

Zweitens: Der Auftragnehmer ist dauerhaft und im Wesentlichen (zu 5/6 oder darüber) nur für einen Auftraggeber tätig,

Drittens: Der Auftraggeber oder ein vergleichbarer Auftraggeber lässt seinen Auftragnehmer Tätigkeiten verrichten, die regelmäßig auch von seinen beschäftigten Arbeitnehmern ausgeführt werden,

Viertens: Die Tätigkeit des Auftragnehmers lässt typische Merkmale unternehmerischen Handelns nicht erkennen,

Fünftens: Die Tätigkeit entspricht nach dem äußeren Erscheinungsbild einer Tätigkeit, die der Auftragnehmer zuvor für den Auftraggeber in einem Beschäftigungsverhältnis ausgeführt hatte.

Mit der Vermutungsregelung dürfen die Prüfer der Sozialversicherung aber nur arbeiten, wenn der Auftragnehmer, also der freie Journalist, bei einer Befragung keinerlei Angaben gemacht hat.

Kurzformel: Nur Schweigen führt zu Vermutungen!

Beispiel 1: Der Journalist M ist in der Redaktion der Tageszeitung T als „Pauschalist" beschäftigt, mit festem Dienstplan, im eigenen Büro und mit Vorgesetzten. Bei einer Betriebsprüfung der Tageszeitung T erhält M einen Fragebogen der Bundesversicherungsanstalt für Angestellte (BfA). M beantwortet den Fragebogen nicht, auch T äußert sich nicht.

Rechtslage: Da M nicht unverzüglich geantwortet und T ebenfalls keine verwertbaren Aussagen gemacht hat, kommt die Vermutungsregelung zur Anwendung. Journalist M hat keine eigenen Beschäftigten, da er allein arbeitet = Kriterium 1 der „Vermutungsregelung" ist erfüllt. M arbeitet dauerhaft und im Wesentlichen nur für einen Auftraggeber = Kriterium 2 gegeben. Die Tätigkeit des M wird in der Redaktion typischerweise von angestellten Redakteuren ausgeübt = Kriterium 3. Die Mitarbeit weist auch keine unternehmerischen Aspekte auf, da er wie ein Arbeitnehmer voll eingespannt ist und seine dauernde Einsatzbereitschaft vorausgesetzt wird = Kriterium 4. Da schon drei Kriterien genügen, kann der Beschäftigten-Status des M von den Betriebsprüfern „vermutet" werden.

Die Vermutungsregelung findet keine Anwendung, wenn Arbeitgeber oder Arbeitnehmer eine überprüfbare Aussage machen.

Beispiel 2: Der Journalist M ist in der Redaktion der Tageszeitung T als „Pauschalist" beschäftigt, mit festem Dienstplan, im eigenen Büro und mit Vorgesetzten. Bei einer Betriebsprüfung der Tageszeitung T erhält M einen Fragebogen der Bundesversicherungsanstalt für Angestellte (BfA). M beantwortet die Fragen wahrheitsgemäß. T bestreitet die Aussagen des M: M sei nie fest in der Redaktion tätig gewesen.

Rechtslage: Hier steht Aussage gegen Aussage. Die BfA muss nun Beweise sammeln, z.B. Zeugenaussagen, welche die Aussagen des M belegen. Für die Vermutungsregelung ist hier kein Raum.

Beispiel 3: Fall wie in 2, allerdings beantwortet M den Fragebogen nicht, weil er Sanktionen von T befürchtet. T teilt der BfA mit, dass der M nicht nach Dienstplan in der Redaktion etc. gearbeitet hat.

Rechtslage: Eigentlich könnte die Vermutungsregelung zur Anwendung kommen, weil M die Fragen der BfA nicht unverzüglich beantwortet hat. Da T aber bereits Angaben gemacht hat, die gegen eine Beschäftigung sprechen, kann die Vermutungsregelung nicht zur Anwendung kommen. Auch hier muss die BfA nun Beweise sammeln.

Allerdings kann die Vermutungsregelung wieder ausgehebelt werden, wenn Tatsachen auf den Tisch gelegt werden bzw. entsprechend verwertbare Aussagen von Arbeitnehmer oder Arbeitgeber vorliegen. Hierfür gibt es **keine zeitliche Begrenzung!**

Beispiel 4: Alles wie in Beispiel 1. Nachdem die Betriebsprüfer die „Vermutung" bejaht haben, wird T wach. T will keine Sozialversicherungsbeiträge für M zahlen. Daher teilt sie den Prüfern mit, dass M bei T nicht in der Redaktion gearbeitet hat. M äußert sich nicht, da er die Kündigung durch M befürchtet.

Rechtslage: Da T hier eine Tatsachenbehauptung macht, ist die „Vermutungsregelung" wieder ausgehebelt. Eine Frist, die dieses späte „Aufwachen" sanktioniert, gibt es nicht. Will die BfA eine Versicherungspflicht des M bejahen, muss sie jetzt gegenteilige Tatsachen nachweisen.

☛ *Internet, Rundschreiben der Spitzenverbände der Sozialversicherung, www.vdak.de/selbstaendige.htm*

3. Wichtig: Klärung bei umstrittenen Fällen möglich

Bei der Clearingstelle der Bundesversicherungsanstalt für Angestellte (BfA) können Auftraggeber oder freie Mitarbeiter klären lassen, ob eine Versicherungspflicht vorliegt.

Beispiel 5: Der freie Journalist N arbeitet mit der Tageszeitung T zusammen. N recherchiert selbstständig im Landkreis L, gibt die Texte aber im Redaktionsgebäude der T in den Computer ein. Das dauert am Tag zwei bis drei Stunden. Außerdem macht er Wochenend- und Urlaubsvertretungen. N arbeitet außerdem für das Stadtmagazin und eine Werbeagentur. Weder N noch T wissen, ob N noch selbstständig tätig ist oder nicht.

Rechtslage: N oder T können einen Antrag auf Prüfung des Status von N bei der BfA stellen. Wenn die BfA allerdings feststellt, dass eine Versicherungspflicht besteht, muss T nachzahlen. Die T darf den N an der Nachzahlung nur in Grenzen beteiligen: T darf ihm vom Gehalt nur den bisher nicht gezahlten Arbeitnehmeranteil für die letzten drei vorhergehenden Monate abziehen. Sie muss aber mindestens so viel auszahlen, dass die so genannten „Pfändungsfreigrenzen" gewahrt bleiben. Das sind bei einem Single etwa 500 €, bei einer Alleinverdienerin mit Ehemann und Kindern aber weitaus mehr als 1.000 €. Arbeitet N nicht mehr für T, kann T gar nichts fordern. Allerdings kann sich T unter bestimmten Voraussetzungen von der Nachzahlungspflicht befreien lassen (siehe Beispiele 9 – 13).

Wird die Anfrage bei der BfA allerdings **innerhalb von einem Monat nach Aufnahme der Tätigkeit** gestellt, so gilt: Wird von der BfA tatsächlich ein Beschäftigungsverhältnis festgestellt, werden die Sozialversicherungsbeiträge erst mit Bekanntgabe bzw. Rechtskraft der BfA-Entscheidung fällig. ***Wichtig: Der Arbeitgeber kann in diesem Fall mehr als nur drei monatliche Arbeitnehmeranteile vom neu ernannten Beschäftigten zurückfordern!***

Beispiel 6: Fall wie Beispiel 5, allerdings stellen N oder T den Antrag schon nach 14 Tagen der Aufnahme der Zusammenarbeit. Fünf Monate später stellt die BfA die Versicherungspflicht fest. T oder N legen hiergegen keine Klage ein.

Rechtslage: Erst jetzt sind Sozialversicherungsbeiträge zu zahlen. T kann hierbei den Arbeitnehmeranteil von N nachfordern oder in Zukunft vom Honorar abziehen. Das darf sie auch für einen Zeitraum von mehr als drei Monaten! Allerdings kann sich T unter bestimmten Bedingungen von der Nachzahlung befreien lassen (siehe Beispiele 9 – 13).

Beispiel 7: Fall wie Beispiel 5, allerdings erhebt T Klage und prozessiert fünf Jahre lang. T verliert den Prozess.

Rechtslage: Auch hier sind die Sozialversicherungsbeiträge erst jetzt zu zahlen, allerdings zuzüglich Verzugszinsen. T kann von N den Arbeitnehmeranteil für die gesamten fünf Jahre nachfordern. Allerdings kann sich T unter bestimmten Bedingungen von der Nachzahlung befreien lassen (siehe Beispiele 9 – 13).

Die neue Regelung heißt auch: In Zukunft kann sich ein Auftraggeber nicht mehr darauf berufen, dass er nicht weiß, welchen Status seine Mitarbeiter haben – denn jetzt kann er es von der BfA klären lassen. Der Betriebsrat sollte den Arbeitgeber auf diese Möglichkeit aufmerksam machen, wenn dieser den Arbeitnehmerstatus bestreitet.

Beispiel 8: Betriebsrat B ist der Meinung, dass die „Freien" F, G und H als Arbeitnehmer anzusehen sind. Er leitet ein Eingruppierungsverfahren beim Arbeitsgericht für sie ein. Er fragt sich, ob die BfA hier irgendeine Rolle spielt.

Rechtslage: Das Antragsverfahren bei der BfA betrifft nur den sozial-versicherungsrechtlichen Status der Mitarbeiter. Es hat auf das Eingruppierungsverfahren beim Arbeitsgericht keine Auswirkung. Außerdem kann der Betriebsrat selbst bei der BfA das sozialversi-cherungsrechtliche Anfrageverfahren nicht einleiten. Das können nur der Arbeitgeber oder die Mitarbeiter jeweils für sich selbst. B kann F, G und H über die Möglichkeit des Anfrageverfahrens informieren.

4. Problematisch: Der Versicherungspflicht-Verzicht

Ganz auf die rückwirkende Erhebung von Sozialversicherungsbeiträgen wird verzichtet, wenn sich der Beschäftigte in der Zwischenzeit ausrei-chend selbst versichert hat und dem Verzicht auf die rückwirkende Fest-stellung der Versicherungspflicht zustimmt. Das gilt allerdings nur bei Ein-reichen einer Anfrage bei der BfA innerhalb eines Monates nach Aufnahme der Tätigkeit.

Wichtig: Es handelt sich nicht nur um eine Zustimmung zum Verzicht auf Beiträge, sondern um einen Verzicht auf bereits erworbene (Vor)-Versiche-rungszeiten. Da dies einen erhebliche Gefahr für die soziale Sicherheit bedeutet, kommt ein solcher Versicherungspflicht-Verzicht nur in Ausnah-mefällen zur Anwendung.

Der Versicherungspflicht-Verzicht setzt zunächst eine **ausreichende Eigenabsicherung** voraus. Eine genügende private Absicherung im Krank-heitsfall liegt schon vor, wenn eine private Krankenversicherung besteht, die bei Angestellten zur Befreiung von der Gesetzlichen berechtigen würde. Außerdem ist eine private Lebensversicherung notwendig, die dem jeweils geltenden monatlichen Mindestbeitrag zur gesetzlichen Rentenversiche-rung entspricht. Im Jahre 2001 sind das nur 61,52 € monatlich. Eine der gesetzlichen Rentenversicherung entsprechende private Berufsunfähig-keits- und Hinterbliebenenversorgung ist dagegen nicht notwendig.

Beispiel 9: Fall wie in Beispiel 6 oder 7. T muss nachzahlen, weil N ihr Beschäftigter war. Da T aber rechtzeitig ins Anfrageverfahren eingestiegen ist, einigt sie sich mit N, dass er einen Versiche-rungspflicht-Verzicht beantragt. N hat eine private Kranken- und Lebenversicherung.

Rechtslage: Die BfA kann auf die Versicherungspflicht des N verzich-ten. Dadurch wird er nur für die Zukunft versicherungspflichtig. Durch den Verzicht verliert N allerdings wertvolle Versicherungszeiten (siehe Beispiele unter 17).

Auch bei nicht rechtzeitiger Einleitung eines Anfrageverfahrens und sogar bei einer Betriebsprüfung ist ein Versicherungspflicht-Verzicht der BfA mög-lich. Hier gibt es allerdings eine weitere Einschränkung: **_Der Arbeitgeber_** *darf die Meldung bei der Sozialversicherung nicht grob fahrlässig oder vorsätzlich unterlassen haben.* Diese Verzichts-Regelung gilt sowohl im Antragsverfahren wie auch generell bei Betriebsprüfungen.

Beispiel 10-1: Fall wie Beispiel 7. T hat den Prozess verloren und muss eigentlich nachzahlen. T will sich aber von der rückwirkenden Feststellung der Versicherungspflicht befreien lassen. T macht gegenüber der BfA geltend: Der Status des N war nicht einfach zu klären, da seine Tätigkeit Aspekte der Selbstständigkeit und Abhängigkeit aufweist. Sie wisse außerdem, dass der N eine private Lebens- und Krankenversicherung habe. N würde diesem rückwirkenden „Versicherungspflicht-Verzicht" zustimmen, da er selbst nicht daran interessiert ist, als Beschäftigter zu gelten.

Rechtslage: Da T die Meldung des N bei der Sozialversicherung nicht vorsätzlich oder grob fahrlässig unterlassen hat, N im Übrigen ausreichend selbst abgesichert war und dem Versicherungspflicht-Verzicht zustimmt, kann die BfA die Versicherungspflicht für die Vergangenheit verneinen. Daher muss T nichts nachzahlen, sondern den N nur für die Zukunft als Beschäftigten führen.

Wann aber genau liegt Vorsatz oder grobe Fahrlässigkeit vor? **Vorsatz** liegt beim Arbeitgeber dann vor, wenn schon bei früheren Betriebsprüfungen entsprechende Tätigkeiten als sozialversicherungspflichtig eingestuft wurden. Gleiches gilt, wenn das Finanzamt seinerseits schon eine Lohnsteuerpflicht festgestellt hatte.

Grobe Fahrlässigkeit liegt dagegen vor, wenn die ausgeführten Arbeiten normalerweise von Arbeitnehmern erbracht werden oder ein anderer Auftragnehmer mit ähnlichem Vertrag bei dem selben Auftraggeber als Beschäftigter behandelt wird und weder der Auftraggeber noch der Auftragnehmer ein Anfrageverfahren bei der BfA eingeleitet haben. Erst recht gilt das, wenn die tatsächlichen Verhältnisse stark von den vertraglichen Regelungen abweichen.

Die BfA hierzu:

„Zusätzlich wird hier für den späteren Beginn der Versicherungspflicht gefordert, dass weder der Beschäftigte noch sein Arbeitgeber vorsätzlich oder grob fahrlässig von einer selbständigen Tätigkeit ausgegangen ist. Vorsatz ist das Wissen und Wollen des rechtswidrigen Erfolges.

Grobe Fahrlässigkeit liegt vor, wenn die Beteiligten die verkehrsübliche Sorgfalt in besonders grobem Maße verletzen, dass also einfachste, jedem einleuchtende Überlegungen nicht angestellt wurden. Von einem Vorsatz ist z.B. auszugehen, wenn der Auftraggeber Entscheidungen der Sozialversiche-

rungsträger aus früheren Betriebsprüfungen, auch zu entsprechenden Tätigkeiten, nicht berücksichtigt hat.

Vorsätzlich werden Sozialversicherungsbeiträge schon dann vorenthalten, wenn der Beitragsschuldner die Beitragspflicht für möglich hielt, die Nichtabführung des Beitrags aber billigend in Kauf nahm. Vorsatz liegt deshalb auch dann vor, wenn der Auftraggeber aus Feststellungen zur Besteuerung im Rahmen einer Lohnsteueraußenprüfung keine Auswirkungen auf die Sozialversicherung abgeleitet hat.

Grobe Fahrlässigkeit liegt z.b. dann vor, wenn die ausgeführten Arbeiten normalerweise von Arbeitnehmern erbracht werden oder ein anderer Auftragnehmer mit ähnlichem Vertrag bei demselben Auftraggeber als Beschäftigter behandelt wird und weder der Auftraggeber noch der Auftragnehmer ein Anfrageverfahren nach § 7a SGB IV bei der Bundesversicherungsanstalt für Angestellte zur Statusfeststellung eingeleitet haben. Dies gilt ebenfalls, wenn die tatsächlichen Verhältnisse gravierend von den vertraglichen Verhältnissen abweichen."

(Auszug aus Rundschreiben der Spitzenverbände vom 20. Dezember 1999)

Beispiel 10-2: Der M arbeitet als „Pauschalist" in der Redaktion der Tageszeitung T. Er erledigt die gleiche Arbeit wie andere dort angestellte Redakteure. Als es zu einer Betriebsprüfung kommt und die Versicherungspflicht für M positiv festgestellt wird, nötigt die T den M zur Zustimmung zu einem Versicherungspflicht-Verzicht.

Rechtslage: Der Versicherungspflicht-Verzicht ist durch die BfA abzulehnen, da T ihre Meldepflichten für M mindestens grob fahrlässig verletzt hat. Weil sie vergleichbare Arbeitnehmer sozialversichert hatte, gab es keinen Grund, warum sie das im Falle von T unterließ.

Natürlich lässt diese Regelung auch Raum für Missbrauch zu. Wenn sich Auftraggeber und Auftragnehmer einig sind, kann die Sozialversicherungspflicht leicht ausgehebelt werden.

Beispiel 11: Fall wie in 1, M ist „freier Mitarbeiter", aber die gesamte Zeit wie ein fest angestellter Redakteur tätig. Die Tageszeitung T und er wollen gemeinsam keine gesetzliche Absicherung. T will Arbeitgeberbeiträge sparen und M sein Geld lieber heute als morgen verbrauchen, den Rest steckt er in eine private Lebensversicherung. Als bei einer Betriebsprüfung die Prüfer auf Grund von Aussagen von anderen Mitarbeitern zum Schluss kommen, dass M ein Beschäftigter ist, soll T Nachzahlungen leisten. M und T verabreden, dass T einen Versicherungspflicht-Verzicht beantragen soll. Beide schaffen es, den Betriebsprüfer davon zu

überzeugen, dass bei T kein Vorsatz oder grobe Fahrlässigkeit vorgelegen hat.

Rechtslage: Wenn die Prüfer nichts an der Hand haben, das gegen den Vorsatz oder grobe Fahrlässigkeit von T spricht, kommt es zum Versicherungspflicht-Verzicht.

Wichtig: Bei Antragstellung bis zum 30. Juni 2000 kam es nicht darauf an, ob der Beschäftigte ausreichend privat abgesichert war und dem Versicherungspflicht-Verzicht der BfA zugestimmt hatte. Der Gesetzgeber wollte durch diese „Amnestieregelung" die Bereitschaft von Firmen zur Meldung von „Schwarzarbeitern" erhöhen.

Beispiel 12: Fall wie in 1, M arbeitet voll eingespannt im Dienste von T. T beantragt am 14. Mai 2000 bei der BfA den Versicherungspflicht-Verzicht für den M. T kann die Betriebsprüfer davon überzeugen, dass sie nicht vorsätzlich oder grob fahrlässig gegen die Sozialversicherungspflicht verstoßen hat. M dagegen hatte keine eigene Absicherung betrieben und lehnt einen Versicherungspflicht-Verzicht ab.

Rechtslage: Bis zum 30. Juni 2000 galt eine General-Amnestie für Arbeitgeber. Wenn T die BfA davon überzeugen kann, dass die Rechtslage sehr schwierig war und T den N deswegen nicht bei der Sozialversicherung gemeldet hat, muss T nicht nachzahlen. M erhält damit auch keine Versicherungszeiten, die etwa einen Anspruch auf Arbeitslosengeld oder Rentenzahlungen erbringen würden. M kann allerdings gegen diese Befreiung Widerspruch einlegen. Er kann beispielsweise Fakten liefern, die für den Vorsatz oder jedenfalls grobe Fahrlässigkeit von T sprechen (siehe Beispiel 10-2). Außerdem kann er mit Hilfe des DJV versuchen, die Versicherungspflicht-Verzichtsregelung gerichtlich anzugreifen. Sie stellt nämlich möglicherweise einen unzulässigen Eingriff in das grundgesetzlich geschützte Recht auf Schutz erworbener Versicherungsansprüche dar.

5. Sonderfall: KSK-Mitgliedschaft und Versicherungspflicht-Verzicht

Genügt als „private" Absicherung auch die Absicherung in der *Künstlersozialkasse*? Diese Frage ist in der Rechtsprechung nicht geklärt. Die Sozialversicherungsträger haben auf einer Besprechung im Dezember 2000 Argumente geliefert, die dagegen sprechen.

☛ *Internet, Besprechungsergebnisse der Spitzenorganisationen der Sozialversicherung, www.vdak.de/besprergeb_selbstaendige.htm*

Vieles spricht dafür, dass die Versicherung in der KSK dann nicht ausreichend ist, wenn ein „freier" Mitarbeiter nur einen Auftraggeber hat und dort scheinselbstständig arbeitet. Grund: Die KSK-Beiträge sind staatlich subventioniert – warum sollte der Staat einen Versicherungspflicht-Verzicht ermöglichen, der ihn zur ungerechtfertigten Subventionierung verpflichtet?

Beispiel 13: Fall wie in Beispiel 1. M arbeitet eindeutig als Scheinselbstständiger, ist aber schon seit einigen Jahren, in denen er „echt" frei arbeitete, Mitglied der KSK. Nachdem die Versicherungspflicht als Beschäftigter festgestellt wurde, hat er mit seinem Arbeitgeber T bei der BfA den Versicherungspflicht- Verzicht beantragt. Sie schaffen es, den Betriebsprüfer davon zu überzeugen, dass der Fall von M sehr kompliziert gewesen sei. M verweist nun darauf, dass er sich bei der KSK „privat" abgesichert habe.

Rechtslage: Eindeutige Aussagen gibt es hierzu nicht. Es ist aber in diesem Fall davon auszugehen, dass die KSK-Versicherung nicht als private Versicherung anerkannt wird, da sie staatlich subventioniert wurde.

Es gibt allerdings Personen, die eine von der KSK bezuschusste private Krankenversicherung und gleichzeitig eine private Lebensversicherung haben. Selbst wenn diese grundsätzlich ausreichen dürften, um eine „private" Absicherung zu bejahen, so kann es wegen der vorherigen Zuschüsse Probleme mit der KSK geben.

Beispiel 14: Der M war eindeutig scheinselbstständig, war aber dennoch Mitglied der KSK. Er war privat krankenversichert und hatte außerdem eine private Lebensversicherung mit Zahlungen von 75 € monatlich. Bei einer Betriebsprüfung stellte sich heraus, dass M nicht in die KSK, sondern in die allgemeine Sozialversicherung gehörte. M und sein Arbeitgeber beantragen und erhalten den Versicherungspflicht-Verzicht (nachdem sie dem Betriebsprüfer vermittelt haben, es habe ein sehr komplizierter Fall vorgelegen).

Rechtslage: Da die BfA festgestellt hat, dass eine Versicherungspflicht grundsätzlich vorgelegen hat, muss die KSK die Mitgliedschaft auch rückwirkend aufheben. Daran ändert sich nichts dadurch, dass die BfA auf die Versicherungspflicht in der allgemeinen Sozialversicherung verzichtet hat. Da M zu Unrecht in der KSK war, kann die KSK von ihm außerdem die Zuschüsse für die private Krankenversicherung zurückfordern – mindestens für vier Jahre.

Anders dürfte es sein, wenn ein Scheinselbstständiger auch noch andere Auftraggeber für „echte" freie Aufträge hat. Da er damit versicherungspflichtig ist, hat er eine ausreichende private Absicherung. Grundsätzlich könnte hier die Lösung heißen: Eine Versicherung bei der KSK erlaubt einen Versicherungspflicht-Verzicht stets dann, wenn die „echte" freie Tätigkeit stets mehr monatlich eingebracht hat als die eigentlich versicherungspflichtige Beschäftigung, sofern letztere wiederum ein Einkommen von weniger der Hälfte der monatlichen Beitragsbemessungsgrenze in der Rentenversicherung nicht erreicht hat, d.h. im Jahre 2001 weniger als 2.224,12/1.866,22 € (West/Ost).

Beispiel 15: Der M arbeitet bei Tageszeitung T als „Schein-Freier" voll eingespannt und verdient dort 1.500 €. Nebenbei arbeitet er aber etwa 20 Stunden in der Woche „echt" frei. Er schreibt Korrespondentenberichte für die Wochenzeitung W, die Tageszeitung L und P. Damit verdient er mehr als aus der Tätigkeit bei T, nämlich 1.750 €.

Rechtslage: Eine sichere Antwort kann bei der jetzigen Rechtslage nicht gegeben werden. Die richtige Lösung könnte jedoch lauten: Da M bei seiner „echten" freien Tätigkeit mehr als bei der „falschen" verdient und mit den „falschen" freien Einnahmen gleichzeitig unter der Hälfte der monatlichen Beitragsbemessungsgrenze liegt, hat er eine eigenständige „private" Absicherung. Ein Versicherungspflicht-Verzicht ist daher möglich. Allerdings auch hier nur, wenn der Betriebsprüfer überzeugt ist, dass ein sehr kompliziert zu beurteilender Fall vorgelegen hat.

Das gesamte Problem stellt sich nicht für Scheinselbständige, die in der KSK versichert sind, allerdings dort in der privaten Krankenversicherung versichert sind und eine zusätzliche private Lebensversicherung haben. Für sie ist der Versicherungspflicht-Verzicht einfach.

Beispiel 16: Fall wie 14, allerdings hatte M bei der KSK die private Krankenversicherung gewählt und hat außerdem eine private Lebensversicherung mit Beiträgen von 100 € monatlich.

Rechtslage: Da M eine private Absicherung hat, ist der Versicherungspflicht-Verzicht schon aus diesem Grund zulässig. Sofern er die in Beispiel 14 genannten Einkommensgrenzen nicht übersteigt, gibt es auch keine Rückforderung von Zuschüssen seitens der KSK (siehe Beispiel 14).

6. Scheinselbstständige: Kein Verzicht!

DJV-Mitglieder sollten einem Versicherungspflicht-Verzicht nicht zustimmen. Hier gehen wertvolle Versicherungszeiten verloren.

Beispiel 17: Bei einer Betriebsprüfung stellt sich heraus, dass M als Beschäftigter sozialversicherungspflichtig war und ist. Arbeitgeberin T soll für vier Jahre nachzahlen. T beklagt ihre großen wirtschaftlichen Schwierigkeiten und will nichts zahlen. Großzügig stimmt M dem Versicherungspflicht-Verzicht zu.

Variante 17-1: Kaum hat M dem Versicherungspflicht-Verzicht zugestimmt, erhält er die Kündigung. Beim Arbeitsamt beantragt er Arbeitslosengeld.

Rechtslage: Der Anspruch auf Arbeitslosengeld setzt (ganz allgemein) voraus, dass M innerhalb von drei Jahren vor Antragstellung 360 Tage versicherungspflichtig war. Da die BfA mit Zustimmung von M aber gerade auf diese Versicherungspflicht verzichtet hat, hat M keinen Anspruch auf Arbeitslosengeld.

Variante 17-2: M erhält keine Kündigung, sondern arbeitet weiter wie bisher bei T. Einige Wochen, nachdem M dem Versicherungspflicht-Verzicht zugestimmt hat, hat er einen schweren Unfall bei einer privaten Freizeitveranstaltung. Der Arzt stellt eine weitgehende Lähmung fest. M ist erwerbsunfähig.

Rechtslage: Der Anspruch auf Erwerbsunfähigkeitsrente setzt (unter anderem) voraus, dass in den letzten fünf Jahren mindestens drei Jahre Pflichtbeiträge an die BfA gezahlt wurden. Da die BfA aber mit Zustimmung von M auf die Versicherungspflicht des M verzichtet hat, fehlen dem M die notwendigen Versicherungszeiten. Er bekommt keine Erwerbsunfähigkeitsrente. Wenn M keine private Berufsunfähigkeitsrente in ausreichender Höhe hat, wird er – und seine Familie – zum Sozialfall.

Variante 17-3: M ist wie in Variante 17-2 durch die Erwerbsunfähigkeit zum Sozialfall geworden. Er verlangt Sozialhilfe vom Sozialamt. Gleichzeitig stehen seine Gläubiger vor der Tür: die Bank auf Grund des Auto-Kredits, das Möbelhaus wegen des Küchen-Kredits, der Vermieter wegen nicht gezahlter Miete. Was kann noch alles passieren?

Rechtslage: Es kann noch schlimmer werden. Da M eine private Kapitallebensversicherung hat, kann diese komplett von seinen Gläubiger gepfändet werden – ohne Freigrenzen. Damit ist auch die private Alterssicherung verloren, M wird auf ewig Sozialfall bleiben. Auch das Sozialamt kann vom M zunächst die Verwertung seiner Kapitallebensversicherung fordern, bevor es ihm Sozialhilfe auszahlt. Anders wäre es nur, wenn er eine private Rentenversicherung hätte, d.h. die recht seltene Vereinbarung über die Auszahlung einer monatlichen Rente. Nur deren Pfändung/Verwertung ist nicht zulässig. Nur wenn M seine Kapitallebensversicherung schnell in eine Rentenversicherung umwandelt, kann er sie vor seinen Gläubigern schützen!

7. Zustimmung zum Verzicht im Voraus?

In einigen Verträgen für freie Mitarbeiter finden sich neuerdings Vertragsklauseln, nach denen ein freier Mitarbeiter „im Falle der Feststellung der Versicherungspflicht als Beschäftigter einem beantragten Versicherungspflichtverzicht des Auftraggebers zustimmt und sich selbst privat für Krankheit und Alter absichert". Solche Klauseln sind ungültig. Wer sie unterzeichnet, kann später dennoch die Zustimmung verweigern. Grund: Vereinbarungen, durch die Bestimmungen des Sozialversicherungsrechts umgangen werden sollen, sind unwirksam, so §§ 32 SGB I, 134 BGB. Dennoch sollte niemand solche Klauseln leichtfertig unterschreiben, sondern ihre Entfernung aus Vertragstexten verlangen. Denn man kann nie wissen, ob die Gerichte später aus solchen Klauseln nicht doch Haftungsfolgerungen herauslesen.

8. DJV-Beratung wahrnehmen!

Mitglieder, deren Arbeitgeber den Verzicht auf die Versicherungszeiten fordern, sollten sich mit ihrer Gewerkschaft in Verbindung setzen. Ein solcher Verzicht kann eventuell zu Fall gebracht werden, weil sich die Neuregelung als unzulässiger Eingriff in Versicherungsansprüche darstellt, denn Versicherungsanwartschaften stehen unter dem Schutz der Eigentumsgarantie von Artikel 14 des Grundgesetzes. Wichtig aber auch: Nichts unterschreiben, was eine Zustimmung zu einem Versicherungsverzicht enthält.

9. Anfrageverfahren einleiten

Scheinselbstständige können das neue Antragsverfahren der BfA auch als Chance nutzen. Jetzt können sie ein Prüfungsverfahren in Gang setzen, durch das ihr Status geklärt wird. Vor einem solchen Prüfungsverfahren sollte allerdings erst eine Beratung durch die Gewerkschaft erfolgen. Denn in dem meisten Fällen sollte zuerst eine arbeitsrechtliche Statusklage erfolgen und allenfalls ergänzend die Behörde auf den Plan gerufen werden. Umgekehrt können echte Selbstständige versuchen, ungerechtfertigten Abzügen vorzubeugen.

☞ *Clearingstelle der Bundesversicherungsanstalt für Angestellte, Ruhrstraße 2, 10709 Berlin, Tel. 030/8 65-1, Service-Telefon: 0800/ 3 33 19 19, Fax: 030/8 65-2 72 40*

10. Eine Bewertung: Die Neuregelungen – vielfach kritisiert

Die 1999 eingeführten Regelungen zum Versicherungspflicht-Verzicht sind vielfach kritisiert worden: Sie stellen die gesetzliche Sozialversicherung teilweise in das Belieben von Arbeitgebern. Wenn Arbeitgeber ihre Beschäftigten zum Verzicht auf die Versicherungspflicht auffordern, wird aus Angst vor Kündigung kaum einer widersprechen. Grobe Fahrlässigkeit oder Vorsatz sind den Unternehmen außerdem schwer nachzuweisen. Solche Nachweisprobleme waren gerade der Grund, warum die erste Version der Vermutungsregelung vom 1. Januar 1999 auch gegenüber Unternehmen galt.

Wertvolle Versicherungszeiten gehen durch die Verzichts-Regelung verloren, bei Antrag des Unternehmens bis zum 30. Juni 2000 sogar ohne Zustimmung des Beschäftigten. Vor 1999/2000 war es so, dass Unternehmen hinterzogene Versicherungsbeiträge nachzahlen mussten. Positiver Effekt für die Scheinselbstständigen war: Sie erhielten dadurch wertvolle Rentenversicherungszeiten anerkannt – oder auch Anspruch auf Arbeitslosengeld. Das ist bei der jetzigen Rechtslage schwieriger.

Der DJV und andere Gewerkschaften, die Organisationen der gesetzlichen Krankenversicherung und auch die BfA haben das Vorhaben in wesentlichen Punkten scharf kritisiert. Die Regierungskoalition hat dieser Kritik jedoch keinerlei Beachtung geschenkt. Statt die Scheinselbstständigkeit durch ein schlüssiges Gesamtkonzeption anzugehen, wodurch einheitlich für Arbeits- und Sozialversicherungsrecht sowie auch Steuerrecht geklärt wird, wer als Arbeitnehmer gilt, ist die Rechtslage für Scheinselbstständige teilweise schlechter als vor Antritt von Rot-Grün.

Gleichzeitig ist aber festzuhalten: Die gesetzlichen Maßnahmen von 1999 haben immerhin in einigen Bereichen dazu geführt, dass „feste freie Mitarbeiter" Arbeitsverhältnisse – und damit erhebliche soziale Sicherheit – erhalten haben. Daher sind pauschale Forderungen nach einer Beseitigung aller „Scheinselbstständigkeitsregelungen" zurückzuweisen.

☞ *Kapitel XX, Forderungen an den Gesetzgeber*

XI. Sozialversicherung: Fragebögen von Auftraggebern: Was darf gefragt werden?

Freie Journalisten bekommen gelegentlich Fragebögen von ihren Auftraggebern. Dadurch soll geprüft werden, ob die Mitarbeiter möglicherweise scheinselbstständig sind. Oft wird der Fragebogen auch nur pro forma versandt, um der Sozialversicherung bei Prüfungen etwas vorweisen zu können: Das Unternehmen hofft natürlich darauf, dass die Mitarbeiter sich als selbstständig darstellen. Hier stellt sich jedoch die Frage, welche dieser Fragen zulässig sind.

Die Unternehmen haben gesetzlich das Recht und die Pflicht, Angaben von ihren freien Mitarbeitern zu verlangen, um eine Versicherungspflicht feststellen zu können. Rechtsgrundlage ist § 28 o Sozialgesetzbuch IV. Allerdings ist nicht jede Frage ohne Weiteres zulässig. Wo Bedenken gegenüber der Zulässigkeit von Fragen bestehen, sollte die Gewerkschaft eingeschaltet werden.

Die Fragebögen sind – abgesehen von unzulässigen Fragen – sorgfältig auszufüllen und wahrheitsgemäß zu beantworten. Falschangaben können zu Beitragsnachforderungen in erheblicher Höhe führen. Wenn eine Frage unklar ist, sind Fragezeichen anzubringen. Allerdings können Fragen eingeschränkt beantwortet werden, sofern das nicht irreführend ist. Wenn etwa nach den Namen und Anschriften anderer Auftraggeber gefragt wird, ist folgende Antwort möglich: „Ich verdiene weniger als 5/6 meines Einkommens (Honorar abzüglich Betriebskosten) aus dieser Geschäftsverbindung."

Wenn sich in Zukunft etwas daran ändert, sollte das dem Auftraggeber sofort mitgeteilt werden. Gegebenenfalls ist auch ein Zusatz möglich: „Genauere Angaben nur gegenüber den Sozialversicherungsbehörden!"

In den Fragebögen werden beispielsweise folgende Angaben verlangt:

– Mitgliedschaft in der Künstlersozialkasse, weil bei KSK-Mitgliedern die Feststellung der Selbstständigkeit durch die Künstlersozialkasse erfolgt ist und weiterhin gilt, sofern sich die Umstände der freien Tätigkeit nicht seit Feststellung der Versicherungspflicht geändert haben und seinerzeit wahrgemäß genannt wurden.

Diese Frage kann von KSK-Mitgliedern bejaht werden. Der häufig von Auftraggebern geforderte „Nachweis" durch eine „Bescheinigung der KSK" ist dagegen nicht zu erbringen. Die KSK erstellt solche Nachweise nicht. Möglich ist freilich, den Feststellungsbescheid über die Mitgliedschaft zum Zeitpunkt des Eintritts in die KSK beizufügen oder aber die Versicherungsnummer bei der KSK anzugeben.

– Die Frage „Sind Sie Künstler oder Publizist im Sinne des Künstlersozial-versicherungsgesetzes?" ist dagegen problematisch, weil darüber die Künstlersozialkasse zu entscheiden hat, nicht aber der Befragte. Da die Versicherungspflicht in der KSK jeweils von der gerade ausgeübten Tätig-keit abhängt, sollte hier ein Fragezeichen angebracht werden.

– Soweit im Fragebogen formuliert ist: „Sofern Sie Mitglied der Künstler-sozialkasse sind, brauchen Sie keine weiteren Fragen zu beantworten", kann dieser Anleitung gefolgt werden und ist nichts weiter auszufüllen. Allerdings ist ein solcher Fragebogen für den Auftraggeber eigentlich wert-los, denn ein verständiger Auftraggeber müsste wissen, dass die Mit-gliedschaft des Mitarbeiters in der KSK nicht zulässig ist, wenn der Mit-arbeiter fest in den Betrieb eingebunden ist. Die Mitgliedschaft in der KSK ist also kein Freibrief, weil eine Haftung des Arbeitgebers trotzdem beste-hen kann. Daher müsste der Auftraggeber eigentlich genau wie bei ande-ren Mitarbeitern prüfen, ob der Mitarbeiter nicht als Arbeitnehmer anzu-sehen ist und ihn deswegen auch alle Fragen beantworten lassen.

– Umfang der Aufträge / Arbeitsleistungen für das Unternehmen / Namen anderer Auftraggeber, weil als Beschäftigter angesehen wird, wer über 5/6 seines Einkommens von einem einzigen Unternehmen erhält.

– Haupt- oder Nebenarbeitsverhältnis, weil eine Versicherungspflicht – teil-weise – entfallen kann, wenn in einem anderen Arbeitsverhältnis oder damit zusammengerechnet die Sozialversicherungsgrenze überstiegen wird.

– Unternehmerisches Auftreten am Markt, weil als Arbeitnehmer gilt, wer keine unternehmerische Freiheit hat.

– Mitarbeit in Redaktionsbüros, weil einige Unternehmen glauben, dass Journalisten in Redaktionsbüros nicht als Scheinselbstständige angese-hen werden. Das ist freilich ein Irrtum, weil auch Journalisten, die sich in einer GbR oder Partnerschaft zusammen geschlossen haben, als Einzel-personen in einem abhängigen Beschäftigungsverhältnis stehen können.

– Zahl der Beschäftigten, weil derjenige, der Arbeitnehmer beschäftigt, selbst nicht als Arbeitnehmer gilt.

– bereits gewählte gesetzliche Krankenkasse, weil bei einer Neueinstufung als Arbeitnehmer Beiträge dorthin abgeführt werden.

– gewünschte gesetzliche Krankenkasse, weil diejenigen, die bisher privat abgesichert waren, meistens in die gesetzliche Krankenversicherung müs-sen, sofern sie nicht ein Einkommen über der geltenden Bemessungs-grenze (3.336,18 € im Monat, Jahr 2001, West und Ost) erzielen.

Wichtig: Fragebögen der Sozialversicherung (Krankenkasse, Landes-versicherungsanstalt, Bundesversicherungsanstalt für Angestellte, Künstlersozialkasse) müssen – wegen erheblicher Haftungsrisiken – mit besonderer Sorgfalt ausgefüllt werden! Bei kritischen Punkten nie Tatsachen verschweigen, im Zweifel vorherige Beratung durch die Gewerkschaft!

XII. Steuern:
Lohnsteuerpflicht für Freie?

Wer als Arbeitnehmer arbeitet, ist grundsätzlich lohnsteuerpflichtig. Die Lohnsteuer zieht der Arbeitgeber direkt vom Lohn ab. Wer echt selbstständig arbeitet, muss sich dagegen selbst beim Finanzamt melden und bis zum 31. Mai des Folgejahres eine Einkommensteuererklärung abgeben und deswegen eventuell Nachzahlungen leisten bzw. ab bestimmten Einkommensgrenzen schon während des laufenden Jahres Vorauszahlungen auf die Einkommensteuer leisten. Gleichfalls ist Umsatzsteuer zu zahlen, soweit der Umsatz 16.620 € übersteigt, entsprechend Umsatzsteuervorauszahlungen. Im ersten und zweiten Jahr der Tätigkeit gelten Sonderregelungen.

Die öffentlich-rechtlichen Rundfunkanstalten stellen es vielen Freien häufig frei, ob sie lohnsteuerpflichtig oder steuerlich selbstständig frei arbeiten wollen. Grund: Diese Frage wird vom Finanzamt unabhängig von der Frage der Sozialversicherungsbeiträge beurteilt. „Eine Bindung zwischen Arbeits- und Sozialrecht einerseits und Steuerrecht andererseits besteht nicht", so der Bundesfinanzhof (BFH, V B 129/99, NZA 2001, 22; BFH X R 83/96, NZA 1999, 1150). Für den BFH ist ausschlaggebend, ob der Mitarbeiter auf eigenes wirtschaftliches Risiko arbeitet und unternehmerische Initiative zeigen kann. Die Schutzbedürftigkeit spielt keine Rolle für den BFH. Daher ist auch nicht von Interesse, ob der Mitarbeiter als arbeitnehmerähnlicher Selbstständiger eingestuft wird oder Sozialversicherungsbeiträge gezahlt werden.

Das Bundesministerium für Finanzen hat in seinem Schreiben vom 5. Oktober 1990 (BStBl. 1990 I S. 638) mitgeteilt, dass freie Mitarbeiter bei Hörfunk und Fernsehen hinsichtlich der Lohnsteuer grundsätzlich als nichtselbstständig angesehen werden. Selbstständigkeit wird „im Allgemeinen" nur bei freien Mitarbeitern angenommen, die für einzelne Produktionen tätig sind, z. B. Autoren, Diskussionsleiter, Fotografen, Gesprächsteilnehmer, Interviewpartner, Kommentatoren, Moderatoren (wenn der eigenschöpferische Teil der Leistung überwiegt), Schriftsteller, Übersetzer. Ebenso Journalisten, Berichterstatter, Korrespondenten, ohne dass – wie im sozialrechtlichen Bereich – das Fehlen einer vorherigen vertraglichen Verpflichtung zum Kriterium gemacht wird. Eine von vornherein **auf Dauer** angelegte Tätigkeit eines freien Mitarbeiters wird als nichtselbstständig eingestuft, auch wenn für sie mehrere Honorarverträge abgeschlossen werden.

Trotz dieses Rundschreibens stufen viele Sender, sobald ihnen eine Bestätigung des Finanzamtes über die steuerliche Selbstständigkeit vorgelegt wird, den Mitarbeiter entsprechend als „frei" ein. Das dürfte daran liegen, dass für die ordnungsgemäße Abführung der Lohnsteuer der Arbeitnehmer haftet: Wer also zu Unrecht als freie/r Mitarbeiter/in gilt, muss eventuelle Differenzen zur Einkommensteuer als Selbstständige/r selbst nachzahlen. Der Sender haftet allerdings dann, wenn beim Lohnsteuerpflichtigen z. B. wegen Pfändungsfreigrenzen nichts zu holen ist, gegenüber dem Finanzamt.

Viele Freie bevorzugen wegen vermeintlicher erweiterter Steuersparmöglichkeiten für Selbstständige die steuerliche Selbstständigkeit. Abgesehen von der Ansparabschreibung gibt es aber nur noch wenige legale Möglichkeiten, um mehr an Steuern zu sparen als lohnsteuerpflichtige Arbeitnehmer. Selbst die Ansparabschreibung bewirkt nur einen zeitlichen Aufschub der Steuerschuld, nicht aber eine Befreiung.

Ganz im Gegenteil: Der erhöhte Dokumentations- und Verwaltungsaufwand für die Steuer von Selbstständigen stellt gegenüber Arbeitnehmern sogar einen Nachteil dar. Ein weiterer Pferdefuß der steuerlichen Selbstständigkeit: Während andere Firmen die Umsatzsteuer zusätzlich zum Honorar zahlen, sind nach den Honorarbedingungen der öffentlich-rechtlichen Sendeanstalten die 7% „im Honorar enthalten". Grund: Die Sender sind als öffentlich-rechtliche Anstalten nicht vorsteuerabzugsberechtigt. Daher ist bei ihnen die Mehrwertsteuer von Freien kein „durchlaufender Posten", sondern ein wirklicher Kostenfaktor. Folge: Der Lohnsteuerpflichtige bekommt 100 €, die steuerlich Selbstständige effektiv 93 € (plus 7 € für die Umsatzsteuer). Daher lohnt sich die steuerliche Selbstständigkeit nur für Personen mit hohen Vorsteuern. Alternativ kann durch die – bei einem Gesamtumsatz im vorherigen Kalenderjahr von maximal 61.356 € zulässige – pauschale Geltendmachung von Vorsteuer in Höhe von 4,8 Prozent die effektiv abzuführende Steuer auf 2,2 Prozent gesenkt werden.

Vorteilhaft kann die steuerliche Selbstständigkeit allerdings bei Arbeit für mehrere Rundfunkanstalten und bei hohen Betriebsausgaben sein, weil dadurch die unmittelbare Liquidität höher ist (siehe Kapitel IX, Abschnitt 5).

Die Zulässigkeit der Lohnsteuerpflicht kann juristisch geklärt werden. Das Finanzamt kann um eine Auskunft zur Zulässigkeit der (Nicht-) Abführung der Lohnsteuer gebeten werden. Dazu sollte genau dargelegt werden, wie die konkrete Arbeit erfolgt.

Zuständig für die Auskunftserteilung ist nicht das Finanzamt, bei dem der Journalist seine Einkommensteuererklärung abgibt, sondern das Betriebsstättenfinanzamt, d.h. dasjenige Finanzamt, in dessen Zuständigkeit der Betrieb fällt. Rechtsgrundlage ist § 42 e Einkommensteuergesetz. Gegen die entsprechende Auskunft kann Einspruch eingelegt werden.

Eine Klage auf Nichtabführung der Lohnsteuer gegen das Finanzamt ist nicht möglich. Vielmehr muss ein Antrag auf Erstattung unrechtmäßig abgeführter Lohnsteuer nach § 37 Abgabenordnung gestellt werden. Wird dies abgelehnt, so sind Einspruch und Klage möglich.

Führt der Auftraggeber Lohnsteuer ab, obwohl das Betriebsstättenfinanz-amt die Lohnsteuerpflicht abgelehnt hat, ist eine zivilrechtliche Klage gegen den Auftraggeber möglich.

Das Wohnsitzfinanzamt des Journalisten kann dagegen die bereits erwähn-te Bestätigung abgeben, dass der Journalist dort als selbstständig gemel-det ist. Allerdings ist der Auftraggeber in diesem Fall nicht verpflichtet, sich danach zu richten, da für die Lohnsteuerpflicht allein das Betriebsstätten-finanzamt zuständig ist.

☞ *Kapitel XIII 4.3, Nachträgliche Abzüge für die Lohnsteuer*

Freie: Wer weiß weiter?

Der Ratgeber für freie Journalistinnen und Journalisten

Von Praktikern für Praktiker. Alles Wissenswerte – detailliert und allgemeinverständlich: Existenzgründung, Künstlersozialkasse, Marketing, Honorargestaltung, Arbeitsfelder, Steuern und nützliche Adressen.

432 Seiten, ISBN 3-935819-06-4

Zu bestellen bei:
DJV-Verlags- und Service-GmbH, Bennauerstraße 60, 53115 Bonn
Tel.: 0228-2017220, Fax: 0228-241598, E-Mail: mur@djv.de

XIII. Maßnahmen von Auftrag-/ Arbeitgebern gegenüber Freien

1. Kündigung

Wenn in Schreiben der Auftraggeber oder bei anderer Gelegenheit die Kündigung des Vertrags ausgesprochen wird oder in den nächsten Tagen keine Aufträge mehr erteilt werden, so ist im Anschluss an eine Beratung durch die Gewerkschaft Kündigungsschutzklage zu erheben. Das ist nur innerhalb von drei Wochen nach Zugang der Kündigung möglich und nur bei denen, die auch arbeitsrechtlich als Arbeitnehmer einzustufen sind. Wichtig: Seit 1. Mai 2000 ist eine Kündigung nur noch wirksam, wenn sie schriftlich erteilt wird. Hinzu kommt: Da die Arbeitgeber den Betriebs-/Personalrat bei Kündigungen von „Freien" in der Regel nicht informieren, ist eine Kündigung schon wegen mangelnder Betriebs-/Personalratsanhörung nichtig und kann auch außerhalb der 3-Wochen-Frist angegriffen werden. Das setzt allerdings voraus, dass es überhaupt einen Betriebsrat gibt.

2. Ausweg GmbH und GbR?

Einige Unternehmen fordern ihre freien Mitarbeiter auf, eine GmbH oder GbR zu gründen oder jedenfalls den Gewerbeschein zu beantragen. Ein Gewerbeschein schützt jedoch nicht davor, als Scheinselbstständiger eingestuft zu werden.

Die Gründung einer GmbH ist mit erheblichen finanziellen Aufwendungen und Risiken (Gewerbesteuer, Konkurshaftung, Abgaben und Umlagen) verbunden, die kein freier Journalist ohne weiteres tragen kann. Außerdem kann es Probleme mit der Zulässigkeit der Arbeitnehmerüberlassung geben.

Beispiel 1: Redakteur R soll weiter für den Sender S arbeiten. Allerdings verlangt S, dass R eine „Agentur" in Form einer GmbH gründet. R gründet mit drei Bekannten die Agentur-GmbH. R ist weiterhin als Redakteur für S im regulären Redaktionsdienst mit Team und Vorgesetzten tätig. S zahlt für die Tätigkeit von R ein Honorar an die Agentur-GmbH. Vom Konto der Agentur-GmbH wird es anschließend an R überwiesen.

Rechtslage: R ist als Arbeitnehmer bei S tätig. Da R allerdings bei der GmbH in Diensten steht, liegt möglicherweise eine Überlassung von einem Arbeitnehmer der R-GmbH an S vor. Diese ist nur mit Erlaubnis des Landesarbeitsamtes zulässig. Der Vertrag zwischen R-GmbH und S ist daher nichtig, R ist Arbeitnehmer von S.

☞ *Kapitel VIII 6, GmbH – Arbeitnehmer bei sich selbst?*

Die Gründung einer Gesellschaft bürgerlichen Rechts (GbR) besagt juristisch zunächst nur, dass die Mitglieder sich untereinander vertraglich verbinden wollen. Nicht ausgeschlossen ist dadurch, dass sie außerdem als Einzelpersonen zu anderen Personen oder Firmen in einem Arbeitsverhältnis stehen. Das kann noch nicht einmal dadurch ausgeschlossen werden, dass formal über die GbR abgerechnet wird: Entscheidend ist für den Arbeitnehmerstatus, ob eine Mitarbeit in persönlicher Abhängigkeit vorliegt.

Einen Gewerbeschein brauchen auch echte freie Journalisten nicht, weil sie als Freiberufler nicht der Gewerbeordnung unterliegen. Er wäre sogar nachteilhaft, weil ab Überschreiten eines Gewerbeertrags von 48.000 DM Gewerbesteuerpflicht besteht. Dazu sind die angebotenen Verträge oft sehr ungünstig und lassen alle Risiken bei den „Neu-Unternehmern".

Bei allen Gesellschaftsgründungen sollte auch daran gedacht werden, dass dabei nicht nur der Vertrag mit dem ehemaligen Arbeitgeber ein Problem sein kann, sondern auch der Gesellschaftsvertrag selbst. Wer nicht aufpasst, ist plötzlich Arbeitgeber seiner eigenen Kollegen – und haftet nun selbst für deren Sozialversicherungsbeiträge. Hinzu kommt die Haftung für die eigenen Sozialversicherungsbeiträge gegenüber der KSK (3,9 Prozent Künstlersozialabgabe) oder BfA.

☛ *Kapitel VIII 6, GmbH: Arbeitnehmer bei sich selbst?*

3. Neuverträge

Freie müssen allerdings nicht nur mit Kündigung oder einer Aufforderung zur Agenturgründung rechnen, vielmehr werden ihnen auch Arbeitsverträge angeboten. Doch gelegentlich liegen auch diese Arbeitsverträge unter dem tariflichen Standard. Solche Verträge können dem Betriebsrat oder dem DJV vor oder nach Unterzeichnung vorgelegt werden, um den tarifvertraglichen Anspruch durchzusetzen.

Manchmal werden auch Verträge mit neuen, vielleicht noch nicht einmal gegründeten Agenturen angeboten. Es gilt hier aufzupassen, weil es in solchen Neufirmen oft keinen tarifvertraglichen Anspruch gibt. Auch wird durch die Unterzeichnung eines solchen Vertrages möglicherweise das Rechtsverhältnis mit dem Verlag beendet, so dass eine spätere Festanstellungsklage nicht möglich ist, während der Verlag den Vertrag mit der Agentur kündigt und die Agentur anschließend in Konkurs gehen lässt.

☛ *Internet, DJV-Handreichung zu Agenturgründungen, www.djv.de/ freie/download.html*

4. Nachträgliche Abzüge wegen Arbeitnehmerstatus

4.1 Abzüge für die Zukunft

Stellt sich heraus, dass ein freier Mitarbeiter Arbeitnehmer war, beispielsweise wegen einer Sozialversicherungsprüfung, hat der freie Mitarbeiter in Zukunft Abzüge hinzunehmen. Für die Vergangenheit gilt das nur begrenzt.

Für die Zukunft gilt: Vom bisherigen Honorar kann der Arbeitgeber etwa 20% für die Sozialversicherung abziehen, außerdem Lohnsteuer. Etwa 20% muss er hinzuzahlen.

Beispiel 2: Scheinselbstständiger S verdiente bisher 2.500 € als Pauschalhonorar. Etwa 500 € werden ihm jetzt als Sozialversicherungsbeiträge abgezogen, von den verbleibenden 2.000 € gehen außerdem noch Steuern ab. 500 € werden hinzugezahlt, d.h. Arbeitgeber A muss insgesamt 3.000 € ausgeben.

Die Sozialversicherungsbeiträge ergeben sich aus: 19,1% Rentenversicherung, etwa 13,5% Kranken- und Pflegversicherung (abhängig von der gewählten gesetzlichen Krankenkasse), 6,5% Arbeitslosenversicherung. Ist der „neue Arbeitnehmer" Student, Rentner, geringfügig oder kurzfristig Beschäftigter oder aber nebenbei immer noch „echt" frei tätig, kann die Abgabenbelastung geringer sein.

☛ *Kapitel VI, Sozialversicherung: Eigenständige Regeln*

Die Lohnsteuer richtet sich nach der Einkommenshöhe. Wichtig: Wenn ein freier Mitarbeiter im Falle einer Neueinstufung keine Lohnsteuerkarte (gibt es bei der Stadtverwaltung) einreicht, muss der Arbeitgeber die Lohnsteuer nach der höchsten Lohnsteuerklasse, der Klasse VI, einbehalten bzw. abführen! Daher: Sofern der Auftraggeber den Status ändern will, auf jeden Fall die Lohnsteuerkarte zur Verfügung stellen. Oder Bescheinigung vom Finanzamt besorgen, dass man steuerlich weiterhin als selbstständig gilt!

4.2 Nachträgliche Abzüge wegen Sozialversicherung

Einige Arbeitgeber kündigen auch an, Beiträge auch für die Vergangenheit zu fordern und vom nächsten Honorar abzuziehen. Dafür gibt es gesetzliche Grenzen. Ein unterbliebener Abzug darf nur rückwirkend für die letzten drei Monate abgezogen werden. Außerdem sind Pfändungsfreigrenzen zu beachten.

Beispiel 3: Scheinselbstständiger S ist scheinselbstständig bei Arbeitgeber A und bekommt ein Pauschalhonorar von 2.500 €. Im Juni 2001 muss A für S Sozialversicherungsbeiträge rückwirkend seit Januar zahlen. Und zwar sowohl Arbeitgeber- und Arbeitnehmeranteil in Höhe von zusammen 1.000 € im Monat, also einschließlich Juni insgesamt 6.000 €.

Rechtslage: Arbeitgeber A kann im Juni von S grundsätzlich nur die Beiträge der vorherigen drei Monate fordern – und auch hier nur den Arbeitnehmeranteil, also 1.500 €. So hat es auch das Landesarbeitsgericht Köln entschieden (LAG Köln vom 6. Februar 1991, Az.: 7 (6) Sa 441/90 – LAGE § 28g SGB IV Nr.2).

Dabei sind die Pfändungsfreigrenzen zu beachten. Das heißt, dem S ist mindestens das Existenzminimum auszuzahlen. Dabei sind auch Kinder, Unterhaltszahlungen und besondere Belastungen, beispielsweise Raten- und Zinsverpflichtungen zu berücksichtigen. Auch eine hohe Monatsmiete oder Betriebskosten sind anzusetzen. Der Anspruch auf volle Honorarzahlung kann gerichtlich im Schnellverfahren per einstweiliger Verfügung durchgesetzt werden.

Es kann also sein, dass dem S gar nichts abgezogen werden darf. Ein Single allerdings wird mit einigen Abzügen zu rechnen haben.

Wenn die Zusammenarbeit mit dem Auftraggeber beendet wird, kann dieser übrigens keine Sozialversicherungsbeiträge mehr nachfordern. Das gilt im Regelfall auch dann, wenn er in seinen Verträgen entgegenstehende Klauseln festlegt. Allerdings sollten solche Klauseln möglichst vermieden werden. Denn: „Auf hoher See und vor Gericht weiß man nie, was einen erwartet".

☞ *Kapitel X 4-7, Sozialversicherungsrecht, Vermutungsregelung und Versicherungspflicht-Verzicht*

4.3 Nachträgliche Abzüge wegen Lohnsteuer

Hat der Arbeitgeber einen Arbeitnehmer fälschlich als „freien Mitarbeiter" behandelt und keine Lohnsteuer abgezogen, kann das Finanzamt die steuerliche Einstufung als selbstständig in Frage stellen, den Einkommensteuerbescheid aufheben und die Lohnsteuer nachfordern. Letzteres ist allerdings nur dann der Fall, wenn der Scheinselbstständige nicht schon Einkommensteuer als Selbstständiger in entsprechender Höhe gezahlt hat. Das Finanzamt kann die Lohnsteuer direkt vom Freien oder aber vom – meist liquideren – Arbeitgeber nachfordern. Der Arbeitgeber kann dann seinerseits den Mitarbeiter in Haftung nehmen. Der Arbeitgeber muss den Freien rechtzeitig darüber informieren, dass das Finanzamt eine Nachzahlung einfordert, damit der Freie gegebenenfalls Rechtsmittel einlegen kann. Unterlässt der Arbeitgeber das, verliert er den Erstattungsanspruch gegen den Arbeitnehmer (Schaub § 71 Rn 105 mit weiteren Nachweisen). Der Arbeitgeber, der dem Mitarbeiter vermittelt hat, er würde die Lohnsteuer zahlen, es dann aber unterlässt, kann sich schadensersatzpflichtig machen (Schaub § 71 Rn 101). Im Übrigen muss der Arbeitgeber, wenn er hinsichtlich der Lohnsteuer Nachforderungen erhebt, gegenüber dem Arbeitnehmer Pfändungsfreigrenzen und tarifliche Verfallsfristen beachten (Schaub § 71 Rn 107).

Wer rückwirkend Lohnsteuer zahlen muss, sollte in jedem Falle eine Klage vor dem Arbeitsgericht oder ein Eingruppierungsverfahren durch den Betriebs-/Personalrat in Erwägung ziehen, durch die der arbeitsrechtliche Status geklärt wird.

4.4 Rückforderung von überzahltem Honorar

In wenigen Fällen, in denen Freie erheblich mehr freies Honorar erhalten als die Redakteure, in deren Tarifgruppe sie einzugruppieren sind, kann es eventuell zu Rückforderungen des Arbeitgebers kommen. Diese Rückforderungen betreffen eventuell auch mehrere Jahre. Solche Rückforderungen unterliegen allerdings in der Regel tariflichen Verjährungsfristen; außerdem können Pfändungsfreigrenzen und eventuell auch Entreicherung durch Verbrauch der Überzahlungen geltend gemacht werden.

Mitglied werden ist nicht schwer, frei zu sein dagegen sehr.

Unsere Leistungen:

z.B. Mitgliederinformation, kostenfreies Abo des Medienmagazins *journalist,* Beratung, Interessenvertretung, Weiterbildung, Rechtschutz

Zusammen geht es einfacher.

Deutscher Journalisten-Verband e.V.

Gewerkschaft der Journalistinnen und Journalisten

Sie können Mitglied im DJV werden, wenn Sie hauptberufliche/r Journalist/in sind.

Den Antrag auf Mitgliedschaft stellen Sie bei Ihrem DJV-Landesverband. Adressen finden Sie auf der letzten Seite dieses Ratgebers.

XIV. Klageweg – wie geht das?

1. Festanstellungsklage: Scheinselbstständige in der Offensive

Jeder Scheinselbstständige kann beim Arbeitsgericht klagen, damit festgestellt wird, dass er Arbeitnehmer ist. DJV-Mitgliedern sollten sich zunächst aber mit ihrem Landesverband über die Erfolgsaussichten beraten (ver.di-Mitglieder: Landesbezirk). Außerdem kann er den Betriebs- oder Personalrat einschalten, damit dieser für den Arbeitnehmerstatus sorgt. Die Einschaltung der Clearingstelle der BfA oder ein isoliertes Verfahren vor den Sozialgerichten wird dagegen nicht viel bringen, da hiermit die arbeitsrechtlichen Ansprüche nicht durchgesetzt werden können und der Arbeitgeber hier außerdem zahlreiche Widerspruchsmöglichkeiten hat.

2. Kündigung: Aus der Defensive zum Erfolg

Wer schriftlich die Mitteilung erhält, dass das Vertragsverhältnis zum Ende des Monats bzw. einem anderen bestimmten Zeitpunkt endet, muss aufpassen. Denn das ist eine Kündigung, gegen die innerhalb von drei Wochen nach Zugang Kündigungsschutzklage erhoben werden muss. Ansonsten gilt die Kündigung möglicherweise als „sozial gerechtfertigt". Wer am 2. Oktober die Kündigung „mit Wirkung zum 31. Oktober" erhält, muss schon bis spätestens 23. Oktober Kündigungsschutzklage eingereicht haben, – denn die Dreiwochenfrist läuft bereits ab Zugang der Kündigungserklärung.

Immerhin sind Kündigungen seit dem 1. Mai 2000 nur zulässig, wenn sie schriftlich erfolgt sind. Dennoch sollte auch gegen eine nur mündliche Kündigung innerhalb von drei Wochen Klage vor Gericht eingereicht werden.

In der Regel ist eine Kündigung alledings auch nach Ablauf der drei Wochen angreifbar, weil sie in der Regel mangels Anhörung des Betriebs-/Personalrats nichtig ist – wenn es denn im Betrieb einen Betriebsrat gibt.

Eine Kündigungsschutzklage schützt allerdings nicht davor, dass der Arbeitgeber die Zusammenarbeit erst einmal beendet. Er kann sogar noch einmal oder zusätzlich außerordentlich kündigen – auch gegen weitere Kündigung muss sicherheitshalber Kündigungsschutzklage erhoben werden. Manchmal werden solche Kündigungsmitteilungen auch in weiteren Schreiben des Arbeitgebers versteckt – daher gilt es, jeden Brief aufmerksam durchzulesen.

Wer gekündigt ist, kann vom Arbeitgeber auf die Straße geschickt werden – jedenfalls so lange, wie der Kündigungsschutzprozess für den Arbeitnehmer nicht erfolgreich war. Eine Ausnahme gibt es jedoch. Wenn der Betriebs-/Personalrat der Kündigung frist- und ordnungsgemäß widersprochen hat, kann der Arbeitnehmer die Weiterbeschäftigung bis zum Abschluss des Kündigungsschutzprozesses verlangen. Wird er dennoch auf die Straße geschickt, kann er per einstweiliger Verfügung dagegen vorgehen. Da der Arbeitgeber den Betriebs-/Personalrat aber im Regelfall nicht einschalten wird, da er den Mitarbeiter ja als „frei" behandelt, besteht normalerweise mangels Anhörung und Widerspruch auch kein Weiterbeschäftigungsanspruch (ArbG Magdeburg 10 Ca 2511/99 = DJV-Datenbank Juri Nr. 10966).

Wer plötzlich keine Aufträge mehr bekommt, sollte sich gleichfalls schnell um eine Kündigungsschutzklage bemühen, da nie auszuschließen ist, dass ein Arbeitsgericht in irgendeiner Weise zum Schluss kommt, dass tatsächlich eine Kündigungserklärung vorlag. Das gilt auch für Fälle, wo plötzlich die Arbeit umorganisiert wird, so beispielsweise, wenn die Teilnahme an Redaktionskonferenzen verweigert oder der Arbeitsplatz verlegt wird.

3. Arbeitslosenunterstützung

Wenn keine Weiterbeschäftigung und -zahlung erfolgt, so gilt: Wer gekündigt ist, sollte sich arbeitslos melden. Und zwar, sobald ihm die Kündigung zugegangen ist, also schriftlich mitgeteilt wurde. Wer am 1. Juli zum 31. Juli gekündigt wird, sollte am 2. Juli zum Arbeitsamt gehen, weil er damit das Geld für August schnell auf dem Konto hat. Weiterer Grund: Arbeitslosengeld gibt es erst ab dem Tag, an dem man „sich dem Arbeitsmarkt zur Verfügung gestellt hat", d.h. sich persönlich beim Arbeitsamt gemeldet hat.

Arbeitslosengeld kann jeder Scheinselbstständige beantragen, der als Arbeitnehmer anzusehen ist, und in den letzten drei Jahren mindestens 360 Tage als Scheinselbstständiger gearbeitet hat. Selbst wenn für ihn keine Beitragszahlungen erfolgt sind. Arbeitslosengeld wird in Höhe von 60 Prozent des früheren Nettolohns gezahlt (bei Kindern: 67 Prozent).

Bei der Berechnung von Arbeitslosengeld ist allerdings fraglich, ob bei Scheinselbstständigen das Gehalt aus der Monatspauschale oder aber aus dem eigentlich zu zahlenden tariflichen Bruttolohn zu errechnen ist. Darüber wird man sich mit dem Arbeitsamt auseinanderzusetzen haben.

Für die Meldung beim Arbeitsamt ist eine Arbeitsbescheinigung (Formular beim Arbeitsamt) notwendig, die vom Arbeitgeber auszustellen ist, § 312 SGB III. Weigert sich der Arbeitgeber, kann vor dem Arbeitsgericht auf Ausstellung der Arbeitsbescheinigung geklagt werden. Das gilt unabhängig davon, ob der Mitarbeiter als Arbeitnehmer oder als Arbeitnehmerähnlicher anzusehen ist (BAG 5 AZB 2000, NZA 2001, 264)

Es ist allerdings ziemlich wahrscheinlich, dass es das Arbeitsamt überhaupt ablehnt, dem Scheinselbstständigen Leistungen zu bewilligen, weil sie nach Meinung des Arbeitsamtes in keinem Arbeitsverhältnis standen bzw. das bis zum Abschluss des arbeitsgerichtlichen Verfahrens nicht beurteilt werden kann. Lag nach Meinung des Scheinselbstständigen ein Arbeitsverhältnis vor, so muss gegen diese Entscheidung Widerspruch eingelegt werden. Eventuell kann ein vorheriges Gespräch der Gewerkschaft mit dem zuständigen Landesarbeitsamt für Klärung sorgen. In jedem Falle sollte eine sofortige Meldung beim Arbeitsamt erfolgen, um „dem Arbeitsmarkt zur Verfügung zu stehen".

4. Vergütungsfortzahlung

Wird die Zahlung von Arbeitslosengeld verweigert, kann der Scheinselbstständige außerdem Vergütungsfortzahlung vom Arbeitgeber verlangen, wenn er sich in einer sozialen Notlage befindet. Eine soziale Notlage ist auch dann gegeben, wenn er grundsätzlich Sozialhilfe oder einen Bankkredit bekommen könnte. Die Vergütungsfortzahlung kann per Klage durchgesetzt werden. Allerdings kann durch diese Klage nur das soziale Minimum erreicht werden. Der Anspruch könnte eigentlich auch durch einstweilige Verfügung, also praktisch über Nacht vorläufig durchgesetzt werden. Da solche Fälle aber recht kompliziert und die Wartefristen für Arbeitsgerichtsprozesse häufig nicht sehr lang sind, lehnen manche Arbeitsgerichte eine einstweilige Verfügung ab.

5. Sozialhilfe

Alternativ bleibt die Möglichkeit, Sozialhilfe zu beantragen. Das ist allerdings nur dann erfolgreich, wenn der Betroffene keine Unterhaltsansprüche gegen Dritte hat, bedürftig ist und nicht über eigenes Vermögen verfügt. Dabei liegt die Grenze für Ersparnisse bereits bei etwa 1000 €. Allerdings muss nicht jeder Vermögenswert eingesetzt werden.

6. Klage gewonnen – was kommt heraus?

Wer den Prozess gewinnt und zum Arbeitnehmer wird, hat Anspruch auf Bezahlung nach dem Tarifgehalt. Gibt es kein Tarifgehalt, ist das firmenübliche Gehalt für einen vergleichbaren Arbeitnehmer maßgebend. Das gilt auch, wenn das Tarif- bzw. firmenübliche Gehalt niedriger ist als das Einkommen aus der freien Tätigkeit!

Beispiel 1: Bildjournalist B verdiente bisher 5.000 € im Monat als „freier Mitarbeiter". Als er sich einklagt, wird er als Bildredakteur im 5. Berufsjahr mit 3.200 € eingestuft.

(Nachgebildet BAG 11 Sa 1513/97, NJW 1998, 2694f., LAG Köln vom 5. Juni 1998)

Beispiel 2: Freier Journalist C arbeitet durchschnittlich im Monat auf „6-Tages-Basis" für Sender S. Es wird vor Gericht erfolgreich festgestellt, dass er Arbeitnehmer war.

Rechtslage: Wenn C nicht beweisen kann, dass er mehr als sechs Tage für den Sender nach Dienstplan und weiteren klaren Vorgaben arbeiten musste, erhält er einen festen Arbeitsvertrag über sechs Tage. Da dies nur ein Viertel der Beschäftigung von Festangestellten ausmacht, bekommt er 1/4 von deren Gehalt, also ca. 700 € brutto. Selbst wenn er als freier Mitarbeiter früher an den sechs Tagen insgesamt 5.000 € verdiente!

Auch die Frage, in welches Berufsjahr der „neue Arbeitnehmer" einzustufen ist, wird von Arbeitgebern gern in Frage gestellt. Natürlich zählen die Jahre als Scheinselbstständiger als Berufsjahre, die anzuerkennen sind. Zwar gibt es eine Klausel im Tarifvertrag (Tageszeitungen/Zeitschriften), wodurch die Anrechnung von Jahren als freier Journalist auf maximal 3 Jahre beschränkt ist. Diese Klausel gilt jedoch nur für Jahre als „echte" Freie, d.h. Jahre als Scheinselbstständige sind voll anzurechnen – ohne 3-Jahres-Schranke.

Eine weitere Frage ist die Nachzahlung von Redakteursgehalt, falls das Freien-Honorar niedriger war als das Gehalt. Auch Nachzahlungen in die Presseversorgung können gefordert werden. Um das Verhältnis zwischen „neuem Arbeitnehmer" und „neuem Arbeitgeber" nicht überzustrapazieren, wird jedoch häufig ein Tauschgeschäft vereinbart nach dem Motto: „Gibst Du mir die Berufsjahre und damit ein gutes Gehalt, lasse ich die Vergangenheit auf sich beruhen". In manchem gerichtlichen Vergleich heißt es dann z.B.: „1. Der Kläger wird von der Beklagten als Redakteur im X. Berufsjahr eingestuft und beschäftigt. 2. Damit sind alle gegenseitigen Ansprüche zwischen den Parteien erledigt."

Auf Ansprüche der Sozialversicherung kann dagegen nicht einfach verzichtet werden. Hier sind die zuständigen Behörden Ansprechpartner. Sie fordern eventuell Nachzahlungen. Das kann auch für das Finanzamt gelten. Oft jedoch erfahren diese Stellen gar nichts vom Klageverfahren, da das Arbeitsgericht keine Mitteilungspflicht hat. Es wäre freilich sinnvoll, in einem Vergleich auch festzuhalten, dass der Arbeitgeber im Falle einer Sozialversicherungs-/Steuerprüfung auf eine Nachforderung des Arbeitnehmeranteils an den Sozialabgaben und an möglichen Steuernachzahlungen verzichtet. Eine Vereinbarung dagegen über einen Versicherungspflicht-Verzicht ist in einem arbeitsgerichtlichem Vergleich nicht möglich, da dies eine unzulässige Vereinbarung zum Nachteil der Sozialversicherung wäre, §§ 134 BGB, 32 SGB I.

Neben den bereits erwähnten Problemen bei der Lohnsteuer (Kapitel XIII, Abschnitt 4.3) kann es zu Rückforderungen des Finanzamtes hinsichtlich der in den Jahren der Scheinselbstständigkeit geltend gemachten Vorsteuer kommen. Die abgeführte Umsatzsteuer dagegen zahlt der Fiskus nicht zurück. Allerdings wird das Finanzamt nicht automatisch über Festanstellungsprozesse informiert, so dass dieses Risiko nicht immer gegeben ist.

7. Der Scheinselbstständige: Jäger und Sammler

Um der Gewerkschaft bzw. dem Betriebs-/Personalrat die Durchführung der Festanstellungsklage bzw. des Eingruppierungsverfahrens zu erleichtern, sollten Scheinselbstständige schon während ihrer Tätigkeit alle Dokumente sammeln, die für ihren Arbeitnehmerstatus sprechen. Dazu gehören z.b. Dienstpläne, Dienstanweisungen, Protokolle von Redaktionskonferenzen und anderen dienstlichen Veranstaltungen, Kopien von Telefonverzeichnissen.

Über Dienstanweisungen in mündlicher Form sollten tagebuchartig Gesprächsvermerke gefertigt werden, z.b. nach dem Muster: „1. August 1999. Kollegin X beschwert sich über mein spätes Erscheinen in der Redaktion und weist mich an, jeweils um 10 Uhr an den Redaktionskonferenzen teilzunehmen. Ansonsten könne ich den Job vergessen." Auch ein Foto von der Arbeitsstelle, vorzugsweise im Kollegenkreis, kann hilfreich sein.

Um vor Gericht Zeugen angeben zu können, sollten Namen und Adressen der Kollegen und solcher Mitarbeiter, die eine ähnliche Arbeit ausüben, allerdings angestellt sind, notiert werden. Bei Zeugen kommt es nicht darauf an, ob diese dem Scheinselbstständigen positiv gegenüberstehen. Grund: Sagt der Zeuge offenbar die Unwahrheit, so kann er unter Eid genommen werden. Uneidliche und eidliche Aussage stehen unter Strafe – und da überlegt sich mancher Zeuge, ob er nicht doch die Wahrheit sagt.

Generation ;-)

@ Frei surfen:

www.djv.de/freie

@ E-Mail-Newsletter für Freie

Bestellung bei hir@djv.de

XV. Dramaturgie der Ereignisse: Wie gehen Unternehmen mit Scheinselbstständigen um?

Wenn ein Klageverfahren eingeleitet wird oder der Betriebs-/Personalrat Druck macht, bietet der bisherige Arbeit-/Auftraggeber manchmal freiwillig Arbeitsverträge an. Doch dies sind oft nicht die lang ersehnten tariflichen Redakteursverträge; vielmehr enthalten sie kleine und große Dreistheiten – oder es fehlen früher selbstverständliche Regelungen, z.B. der Urlaub. Wie geht ein Unternehmen vor, um eine/n Mitarbeiter/in zum Abschluss eines ungünstigen Vertrages zu bewegen? Und was passiert, wenn sie/er nicht mitmacht, sondern juristisch gegen die Firma vorgeht?

1. Der erste Akt: „Dreistheit siegt!"

Strategie Nummer 1 ist Harmlosigkeit. Der neue Vertrag wird als betriebliche Notwendigkeit und Selbstverständlichkeit bezeichnet, der/die Mitarbeiter/in soll nicht „schwierig" sein. Die Bedeutung der Vereinbarung wird heruntergespielt, Nachfragen werden abgewimmelt. Auf Rückfragen gibt es keine Antwort.

2. Der zweite Akt: „Stellen Sie sich nicht so an!"

Strategie Nummer 2 lautet Einschüchterung. Der/die Mitarbeiter/in wird bedroht. Wer jetzt nicht unterschreibt, wird etwas erleben, bekommt keine Aufträge mehr. Selbst wer sich einklagt, wird entlassen, im Betrieb isoliert: „Sie werden sich noch wundern, was wir alles machen können!"

3. Der dritte Akt: „Das hätten wir von Ihnen nicht erwartet!"

Strategie Nummer 3 ist Enttäuschung. Wer sich wehrt, lebt verkehrt. Da bezahlt man jahrelang eine/n Mitarbeiter/in – und da greift der das Unternehmen an mit einer Klage. Selbst wenn der/dier Mitarbeiter/in Recht hat, so ist er/sie moralisch doch das allerletzte.

4. Der vierte Akt: „Wer sind Sie überhaupt?"

Strategie Nummer 4 ist Ignorieren. Der/die Mitarbeiter/in wird nicht mehr angesprochen, geschnitten, ihm aus dem Weg gegangen. Ironische und abfällige Bemerkungen sind zu hören.

5. Der fünfte Akt: „Das Leben geht weiter!"

Strategie Nummer 5 ist Fügung in das Unvermeidliche. Der/die Mitarbeiter/in hat sich eingeklagt, man muss mit ihm/ihr weiter leben. Eigentlich hat er bewiesen, dass er eine starke Persönlichkeit ist, eigentlich ganz respektabel. Vielleicht kann auch die Firma davon profitieren. Über die Vergangenheit wird nicht mehr gesprochen. Business as usual. Entschuldigungen gibt es natürlich keine.

6. Was tun?

Es gibt keinen Königsweg für Scheinselbstständige. Ob Unterzeichnung eines ungünstigeren Vertrages, die Beibehaltung des Status quo oder das Klageverfahren auf Festanstellung – mit Schwierigkeiten ist in jedem Fall zu rechnen. Hier gibt es keine allgemein gültigen Aussagen.

Einige halten die Spannungen in der Redaktion und den Druck der Geschäftsführung nicht aus und knicken am Ende ein. Andere sind manchmal derart stark psychisch mit dem Stress bei der Arbeit belastet, dass sie – wie in einem dem DJV bekannten Fall – auch einmal einen kleinen Autounfall bauen. Freilich: Wer alles mit sich machen lässt, wird auf lange Sicht gesehen sicherlich erheblich mehr Stress haben. Jede/r Betroffene/r sollte sich daher individuell darüber durch ihre Gewerkschaft beraten lassen, was für sie/ihn der richtige Weg ist. Jeder Fall wird individuell darauf geprüft, mit welcher juristischen Taktik vorzugehen ist.

XVI. Rechte von Scheinselbstständigen

Viele Freie scheuen eine Klage gegen ihren Arbeitgeber, weil sie Kündigung oder Mobbing befürchten. Wer mit dem „Einklagen" vor dem Arbeitsgericht zögert und scheinselbstständig bleibt, hat jedoch die gleichen Rechte wie Arbeitnehmer. Scheinselbstständige können:

- alle arbeitsrechtlichen Ansprüche einfordern, z.b. Mutterschaftsgeld, Erziehungsurlaub, Entgeltfortzahlung bei Krankheit, Kündigungsschutzklage im Falle einer Kündigung bzw. bei Auftragsentzug, wobei bei einer solchen Klage ohnehin vom Gericht festgestellt werden muss, ob ein Arbeitsverhältnis vorlag,
- nach Kündigung/Auftragsverlust Arbeitslosengeld beantragen, wenn sie mindestens 12 Monate scheinselbstständig gearbeitet haben, weil die Gewährung von Leistungen unabhängig davon ist, ob der Arbeitgeber die Beiträge abgeführt hat,
- bei der Bundesversicherungsanstalt für Angestellte für die Zeit der Scheinselbstständigkeit die „Nachversicherung" fordern, so dass der (auch ehemalige) Arbeitgeber die Beiträge zur Rentenversicherung einzahlen muss,
- bei Arbeitsunfällen Leistungen der gesetzlichen Unfallversicherung beziehen.
- Zahlungen in tarifliche Altersversorgungssysteme, z.B. das Presseversorgungswerk, (nach-)fordern.

Grund: Die arbeits- und sozialversicherungsrechtlichen Ansprüche gehen nicht dadurch verloren, dass sie vom Arbeitnehmer bisher nicht eingefordert wurden. Der Arbeitgeber ist dazu verpflichtet, die gesetzlichen Vorschriften einzuhalten. Der Arbeitnehmer „verwirkt" seine Rechte also nicht.

Außerdem: Der Arbeitgeber haftet für die Sozialversicherungsbeiträge. Wenn er nicht zahlt, ist das im Regelfall nicht die Schuld des Scheinselbstständigen. Allerdings kann der Arbeitgeber bei drei monatlichen Gehaltszahlungen den Lohn erheblich kürzen, wenn er wegen der Scheinselbstständigkeit Nachzahlungen an die Behörden zu leisten hat. Wer den Job schon gewechselt hat, braucht dagegen in der Regel keine Rückforderungen des Arbeitgebers zu fürchten (siehe aber Kapitel XIII Abschnitt 4). Allerdings sollte vor derartigen Meldungen eine Beratung durch die Gewerkschaft erfolgen, wo die juristischen Möglichkeiten und Risiken geklärt werden müssen.

Da Arbeitgeber und auch Behörden wegen der damit verbundenen Kosten jedoch häufig behaupten, dass der Freie tatsächlich selbstständig war, können diese Ansprüche meist doch nur auf dem Klageweg durchgesetzt werden. Wegen der 1999 neu eingeführten Regelung, dass Widersprüche und

Klagen gegen Entscheidungen in dieser Frage im Bereich der Sozialversicherung aufschiebende Wirkung haben, wird ein solches Verfahren möglicherweise viel Zeit in Anspruch nehmen.

Dennoch kann ein „Abschiedgruß" an die alte Firma, durch den die Sozialbeiträge nachgefordert werden, sinnvoll sein: Einerseits erhält man wichtige Beitragszeiten für die Rente bzw. Vorversicherungszeiten für den Fall der Erwerbsminderung, andererseits kann das dazu führen, dass der Arbeitgeber es bei den nächsten Mitarbeitern etwas ernster nimmt mit der Sozialversicherung.

Außerdem kann man als weiterer Abschiedsgruß die Behörden auch auf andere Scheinselbstständige aufmerksam machen: Die jeweils zuständige Landesversicherungsanstalt (LVA) und Bundesversicherungsanstalt für Angestellte (BfA) prüfen mindestens alle vier Jahre in den Unternehmen, ob Sozialversicherungsbeiträge korrekt abgeführt werden. Hier gibt es auch „Überraschungs-Prüfungen", so genannte Ad-hoc-Prüfungen, wenn konkrete Hinweise auf Missbrauch vorliegen.

Wer Informationen über die Beschäftigung von Scheinselbstständigen hat, sollte die Betriebsprüfdienste daher möglichst detailliert informieren, d.h. unter Angabe der Namen der Betroffenen, Beschreibung ihrer Tätigkeiten, des Tätigkeitsorts, der Arbeitsweise, der Arbeitszeiten, der Vorgesetzten. Wichtig ist selbstverständlich die Angabe des Betriebs und des zuständigen Geschäftsführers.

Diese Informationen können den Betriebsprüfdiensten auch anonym zur Verfügung gestellt werden. Selbstverständlich werden sie natürlich ernster genommen, wenn sie namentlich unterzeichnet sind, da die Betriebsprüfdienste im Zweifelsfall Zeugen brauchen.

☛ *Betriebsprüfdienst der Bundesversicherungsanstalt für Angestellte, Ruhrstraße 2, 10709 Berlin, Tel. 030/8 65-1, Service-Telefon: 0800/ 3 33 19 19, Fax: 030/8 65-2 72 40*

☛ *Adressen der zuständigen Landesversicherungsanstalten: Auskunft über die BfA*

XVII. Schlüsselrolle:
Betriebs-/Personalräte

Die Betriebs-/Personalräte spielen in Sachen Scheinselbstständigkeit eine Schlüsselrolle. Sie haben die gesetzliche Pflicht, die gesetzes- und tarifwidrige Einordnung von Beschäftigten als „falsche Freie" zu verhindern. Dazu gibt es ein ganzes Instrumentarium von Möglichkeiten.

1. Informations- und Auskunftsrecht

Der Betriebs-/Personalrat kann von der Geschäftsführung Auskunft über alle freien Mitarbeiter des Unternehmens verlangen, insbesondere die Angabe von Namen und Adressen. Unabhängig davon, ob sie scheinselbstständig oder „echt" frei arbeiten. Denn das Auskunftsrecht soll dem Betriebs-/Personalrat die Möglichkeit geben, die „falschen" Freien zu ermitteln und ihnen ihre gesetzlichen und tariflichen Rechte zu verschaffen (BAG, Beschluss vom 15. Dezember 1998, 1 ABR 9/98, NZA 1999, 722, DJV-Datenbank Juri Nr.10258). Zwar betraf die konkrete Streitfrage den Anspruch eines Betriebsrats nach dem Betriebsverfassungsgesetz, jedoch ist wegen des gleichlautenden Gesetzestextes in den Personalvertretungsgesetzen auch von einer Anwendung dieser Rechtsgrundsätze auf Personalräte auszugehen. In § 80 Absatz 2 Satz 1 BetrVG ist eine Unterrichtungspflicht des Arbeitgebers über Personen, die nicht in einem Beschäftigungsverhältnis stehen, seit Mitte 2001 ausdrücklich vorgesehen.

Der Betriebs-/Personalrat kann aus diesem Grund auch Fragebögen an alle freien Mitarbeiter verschicken, mit denen der arbeits- und sozialversicherungsrechtliche Status ermittelt werden kann.

☞ *Kapitel XXI, Musterfragebogen*

☞ *Fragebögen zur Sozialversicherung: Bundesversicherungsanstalt für Angestellte, Ruhrstraße 2, 10709 Berlin, Tel. 030/865-1, Service-Telefon: 0800/3 33 19 19, Fax: 030/8 65-2 72 40, http://www.bfa-berlin.de*

2. Personalfragebögen

Der Betriebs-/Personalrat hat ein Mitbestimmungsrecht bei Personalfragebögen, §§ 94 Betriebsverfassungsgesetz, 75 Abs.3 Nr.8 Bundespersonalvertretungsgesetz (entsprechende §§ in den Landespersonalvertretungsgesetzen). Das gilt auch bei Fragebögen, die der Arbeitgeber gegenüber den freien Mitarbeitern verwendet, um deren arbeits- oder sozialversicherungsrechtlichen Status zu klären. Solche Fragebögen werden von einigen Arbeitgebern regelmäßig an alle freien Mitarbeiter verteilt, um die Scheinselbstständigkeit von Mitarbeitern feststellen zu können bzw. den gesetzlich vorgeschriebenen Dokumentationspflichten hinsichtlich freier Mitarbeiter nachzukommen.

Der Betriebs-/Personalrat hat bei der inhaltlichen Ausgestaltung des Fragebogens ein Mitbestimmungsrecht. Er kann z.b. verlangen, dass die Fragebögen inhaltlich so gestaltet werden, dass eine Scheinselbstständigkeit eindeutig zu erkennen ist. Er kann beispielsweise dagegen intervenieren, dass im Fragebogen steht, dass „bei Mitgliedschaft in der Künstlersozialkasse keine weiteren Fragen beantwortet werden müssen". Denn die Mitgliedschaft in der KSK ist kein endgültiger Beweis für eine Selbstständigkeit. Muster für einen sinnvollen Fragebogen gibt es beim DJV bzw. der Bundesversicherungsanstalt für Angestellte (a.a.O.).

Der Betriebs-/Personalrat hat außerdem ein Informationsrecht hinsichtlich der Ergebnisse dieser Arbeitgeberumfrage. Er muss allerdings dem Arbeitgeber detailliert darlegen, welche Daten er haben möchte und wozu er die Ergebnisse benötigt (BAG, Beschluss vom 8. Juni 1999, 1 ABR 28/97, b+p 2000, S.12 = DJV-Datenbank Juri Nr. 10948, für Personalräte entsprechend anwendbar). Wenn der Betriebs-/Personalrat Daten zur Statusfeststellung benötigt, wird er allerdings im Zweifel alle Daten benötigen. Das Argument „Überprüfung der Scheinselbstständigkeit" sollte dazu auch genügen. Zur weiteren Absicherung kann allerdings auch auf die entsprechenden Fragebögen der BfA verwiesen werden und gefordert werden, alle Ergebnisse der Arbeitgeberumfrage, die für die Beantwortung der auf den BfA-Vordrucken zu findenden Fragen von Belang sind, dem Betriebsrat zuzuleiten.

3. Eingruppierung

Der Betriebs-/Personalrat kann „falsche" freie Mitarbeitern zu Arbeitnehmern und Redakteuren machen – durch ein Eingruppierungsverfahren. Außerdem kann er zusätzlich oder unabhängig davon für die ordnungsgemäße sozialversicherungsrechtliche Einstufung sorgen.

Eine Eingruppierung kann in Betrieben mit in der Regel mehr als 20 wahlberechtigten Arbeitnehmern erzwungen werden. Der Betriebs-/Personalrat verlangt also vom Arbeitgeber „die Nachholung der bisher unterbliebenen Eingruppierung des Mitarbeiters X und die Einholung der Zustimmung des Betriebs-/Personalrats hierzu". Er muss in diesem Schreiben allerdings darlegen, warum er überhaupt von der Notwendigkeit einer Eingruppierung ausgeht, d.h. Argumente für die Behandlung des Mitarbeiters als Arbeitnehmer darlegen.

Das Eingruppierungsverlangen kann auch auf einen größeren Personenkreis ausgedehnt werden, indem beispielsweise verlangt wird, sämtliche im hausinternen Redaktionsdienst tätigen freien Mitarbeiter einzugruppieren. Auch hier muss jedoch detailliert begründet werden, warum der hausinterne Redaktionsdienst nach Ansicht von Betriebs-/Personalrat zum Arbeitnehmerstatus führt.

Kommt der Arbeitgeber der Aufforderung nicht nach, so kann die Eingruppierung und die Einholung der Zustimmung vor dem Arbeits-/Verwaltungsgericht erzwungen werden, § 101 Betriebsverfassungsgesetz analog, §§75,69 Bundespersonalvertretungsgesetz analog (entsprechende Bestimmungen der Landespersonalvertretungsgesetze s.u.).

Der Betriebs-/Personalrat verlangt also beim Arbeitsgericht, „dem Arbeitgeber aufzugeben, die Nichteingruppierung aufzuheben, die Zustimmung des Betriebs-/Personalrats zur Eingruppierung einzuholen und im Falle der Zustimmungsverweigerung die Ersetzung der Zustimmung beim Arbeitsbericht zu beantragen" (BAG, Beschluss 1 ABR 68/87, DJV-Datenbank Juri Nr.1975).

Die Kosten für ein solches Verfahren einschließlich Rechtsanwalt trägt der Arbeitgeber. Das Eingruppierungsverfahren ist nicht an Fristen gebunden. **Ein Betriebs-/Personalrat kann also auch die Eingruppierung solcher „freien" Mitarbeiter verlangen, die seit Jahren scheinselbstständig sind (LAG Düsseldorf Az.: 2 Ta BV 86/89, DJV-Datenbank Juri Nr. 2017).**

Das gilt selbst dann, wenn in § 90 Bundespersonalvertretungsgesetz die Mitbestimmung für freie Mitarbeiter und Arbeitnehmerähnliche ausdrücklich ausgeschlossen ist – denn Scheinselbstständige sind ja keine Freien und auch keine Arbeitnehmerähnlichen, sondern Arbeitnehmer. Daher ist der Personalrat trotz solcher vermeintlicher Ausschlussklauseln für sie zuständig.

**Kurzformel: Eingruppierungsverfahren
– das A & O für jeden Betriebs- und Personalrat!**

Private Medien: §§ 99, 101 Betriebsverfassungsgesetz

Öffentlich-rechtliche Medien:

BR: §§ 75 Abs.1, 70 PersVG Bayern; **Deutsche Welle, Deutschlandradio, MDR, NDR:** §§ 75, 69 Bundespersonalvertretungsgesetz (BPersVG), beim MDR allerdings in der Fassung vom 30. Mai 1991, d.h. mit § 69 Abs.4 S.5 a.F., aber ohne § 90 BPersVG; **HR:** §§ 77 Abs.1 Nr.2, 69 PersVG Hessen, **ORB:** §§ 63 Abs.1, 61 PersVG Brandenburg; **RB:** §§ 65 Abs.1 lit c, 58 PersVG Bremen; **SFB:** §§ 87 Abs.1, 79 PersVG Berlin; **SWR:** §§ 76 Abs. 1, 69 PersVG Baden-Württemberg; **SR:** §§ 80 Abs.1 lit a PersVG Saarland; **WDR:** §§ 72 Abs.1 Nr.1, 66 PersVG NRW iVm § 54 WDR-Gesetz; **ZDF:** §§ 78 Abs.2 Nr.1, 74 PersVG Rheinland-Pfalz

☞ *DJV-Betriebsrat-Info „Eingruppierung", http://www.djv.de/brinfo/ indexarchiv.html*

4. Kündigung

Wenn der Arbeitgeber freien Mitarbeitern kündigt, die in Wirklichkeit als Arbeitnehmer anzusehen sind, hat der Betriebsrat wie bei anderen Arbeitnehmern ein Informations- und Widerspruchsrecht, so § 102 Abs. 5 BetrVG, § 79 Abs. 1 BPersVG. Damit wird auch die vorläufige Weiterbeschäftigung des Mitarbeiters möglich – bis zum Abschluss eines Kündigungsschutzprozesses, so § 101 Abs. 1 BetrVG, § 79 Abs. 2 BPersVG. Auch im Falle der Kündigung kann der Betriebs-/Personalrat noch ein Eingruppierungsverfahren einleiten.

5. Outsourcing

Wenn der Arbeitgeber Teile der Redaktion bzw. seine Scheinselbstständigen zur Gründung einer „Agentur" auffordert, hat der Betriebsrat in Betrieben mit mehr als zwanzig wahlberechtigten Mitarbeitern Informations- und Interventionsrechte. Er kann zudem unter bestimmten Voraussetzungen Umstrukturierungen widersprechen, einen Interessenausgleich bzw. Sozialplan verlangen, soweit sein Betrieb die notwendige Mindestzahl von Mitarbeitern hat. Hier kommt es allerdings auf die Zahl der Betroffenen an. Außerdem behält er unter Umständen auch für die neue Agentur für eine Übergangsfrist die Zuständigkeit. Rechtsgrundlage: §§ 111 ff. Betriebsverfassungsgesetz. Nach § 78 Absatz 1 Nr. 2 BPersVG wirkt der Personalrat bei einer Auflösung oder Einschränkung der Dienststelle bzw. von deren Teilen mit.

Weiterhin ist der Betriebs-/Personalrat auch für Mitarbeiter von anderen Produktionsfirmen bzw. so genannter „Agenturen" zuständig, die im Betrieb tätig werden und Arbeitnehmerfunktionen ausüben. Das gilt selbstverständlich auch für Einzelpersonen, die eine GmbH gegründet haben und deren Gesellschafter sind. In solchen Fällen ist zu prüfen, ob nicht eine unerlaubte Arbeitnehmerüberlassung dieser GmbH an den Betrieb vorliegt. Denn die Produktionsfirma, die Agentur und auch die Mehr-/Ein-Personen-GmbH haben ohne Erlaubnis des Arbeitsamtes bzw. der jeweilig zuständigen Erlaubnisbehörde kein Recht, ihre Mitarbeiter einem anderen Unternehmen zu überlassen, § 1 Arbeitnehmerüberlassungsgesetz.

Der Arbeitgeber hat den Betriebs-/Personalrat über die Überlassung von Arbeitnehmern zu informieren und die Zustimmung einzuholen. Er muss ihm auch einen schriftlichen Arbeitnehmerüberlassungsvertrag vorlegen. So verlangt es § 14 Absatz 3 Arbeitnehmerüberlassungsgesetz. Ein Vertrag ohne Erlaubnis ist nach §§ 1, 9 Arbeitnehmerüberlassungsgesetz sogar nichtig. Auf diese Weise kann der Personal-/Betriebsrat verhindern, dass der Arbeitgeber seine Redakteure zur Gründung scheinbar selbstständiger Ein-Personen-GmbH oder in andere Rechtsformen zwingt. Liegt keine wirksame Arbeitnehmerüberlassung vor, sind die „freien Agentur-Mitarbeiter"

Arbeitnehmer des Betriebs, in dem sie arbeiten (LAG Rheinland-Pfalz 11 Sa 118/00 = DJV-Datenbank Juri Nr. 10975, für den Fall einer „Fotografen-Agentur").

☞ *Arbeitnehmerüberlassung im Personalvertretungsrecht: Urteil des Bundesverwaltungsgerichts vom 20. Mai 1992, PersV 1993,12; Urteil vom 6. September 1995, E 99, 214 (zit. nach Lorenzen, BPersVG, § 75 Rn 16 h)*

Oft wird jedoch erst einmal durch ein Eingruppierungsverfahren zu klären sein, ob überhaupt eine Arbeitnehmerüberlassung durch eine echte Agentur, Produktionsfirma oder GmbH vorliegt oder doch nur ein „Scheinfirma", deren Mitarbeiter in Wirklichkeit nach wie vor Arbeitnehmer des bisherigen Arbeitgebers sind.

☞ *DJV-Betriebsräte-Info „Outsourcing": http://www.djv.de/brinfo/ indexarchiv.html*

6. Betriebsvereinbarungen über freie Mitarbeiter

Arbeitgeber und Betriebs-/Personalräte haben ein Interesse daran, kostenintensive Streitigkeiten über den Status freier Mitarbeiter zu vermeiden. Daher sollte eine Betriebsvereinbarung über den generellen Umgang mit freien Mitarbeiter abgeschlossen werden. Eine solche Betriebsvereinbarung kann allerdings nicht erzwungen werden.

Eine solche freiwillige Betriebsvereinbarung sollte zum Inhalt haben:

- Eine Definition der Tätigkeiten, die grundsätzlich nicht in freier Mitarbeit ausgeübt werden können. Hierzu sollten insbesondere alle Dienste im räumlichen Bereich des Redaktionsbetriebs zählen, soweit sie mehr als 3 Stunden pro Woche ausmachen, d.h. den Umfang üblicher Besprechungstermine überschreiten.
- Eine Definition der Freiheiten, die einem Mitarbeiter zugebilligt werden müssen, damit er noch als „frei" gelten kann. Dazu gilt insbesondere das Recht, Aufträge abzulehnen, für andere Auftraggeber tätig zu sein und seine Texte auch anderswo zu verwerten, außerdem nicht an Redaktionskonferenzen teilzunehmen.
- Eine grundsätzliche Regelung darüber, unter welchen Bedingungen ein Volontariat vergeben wird, um auszuschließen, dass freie Mitarbeiter endlos in der „Warteschleife Volontariat" arbeiten.
- Die Einführung einer „gemeinsamen Kommission für Aushilfen und Honorarempfänger und -budget". Diese Kommission überprüft kontinuierlich die Praxis im Umgang mit freien Mitarbeitern und trifft Entscheidungen über die Einstufung von Mitarbeitern. Hierzu gehört die Durchführung regelmäßiger gemeinsamer Prüfungsgespräche mit Redaktionen und freien Mitarbeiter, um die Einstufungspraxis der

Redaktionen zu gewährleisten. Ebenso sollte die Honorarhöhe, insbesondere in Hinblick auf tarifvertragliche Ansprüche, überprüft werden.

Bei dieser Kommission können die Redaktionen außerplanmäßigen Bedarf an innerbetrieblichen Redaktionsmitarbeitern anmelden können. Die Kommission sorgt für eine leicht handbare Einstellungspraxis für Teilzeitkräfte und Aushilfen. Den Redaktionen wird deutlich vermittelt, auf welche Weise sie kurzfristig Aushilfen bekommen können. Wenn der Bedarf erkennbar dauerhafter Natur ist bzw. durch eine ständige Vollzeitarbeitskraft abdeckbar ist, soll die Kommission eine entsprechende Stellenbeschreibung zur Ausschreibung bringen. Dadurch wird vermieden, dass der Arbeitgeber die „Schiene" Flexibilität wählt, um Tarifrechte zu umgehen.

7. Zuständigkeit des Betriebs-/Personalrats für „echte" freie Mitarbeiter

Der Betriebs-/Personalrat ist für Arbeitnehmer zuständig. Außerdem ist er verantwortlich für „falsche" freie Mitarbeiter, die in Wirklichkeit Arbeitnehmer sind. Doch was ist mit den „echten" bzw. den arbeitnehmerähnlichen Freien, die keine Arbeitnehmer sind?

Ausdrücklich ist die Zuständigkeit für arbeitnehmerähnliche freie Mitarbeiter geregelt für die Personalräte beim Hessischen Rundfunk (§ 5 PersVG Hessen, sofern 50 Prozent der Gesamteinkünfte vom HR stammen) , Saarländischen Rundfunk (§ 110 Abs.3 PersVG Saarland, sofern Sozialversicherungsbeiträge für sie geleistet werden) und beim ZDF (§§ 4 Abs.4 Satz 2,112 PersVG Rheinland-Pfalz). Beim ZDF sind allerdings solche Arbeitnehmerähnlichen ausgeschlossen, die wesentlich an der Programmgestaltung teilnehmen. Der Personalrat beim Bayerischen Rundfunk ist für alle freien Mitarbeiter zuständig, für die Arbeitslosenversicherungsbeiträge gezahlt werden, so § Art. 4 Abs. 3 PersVG Bayern. Von diesem Personenkreis abgesehen beschränkt sich seine Kompetenz auf durch Arbeitsvertrag unbefristet oder auf Zeit festangestellte Mitarbeiter, so § 83 Nr.1 Bayerisches PersVG.

Im Bundespersonalvertretungsgesetz sind die arbeitnehmerähnlichen freien Mitarbeiter sowie die auf Produktionsdauer Beschäftigten der Deutschen Welle ausdrücklich ausgenommen, so § 90 Nr.5 lit b Bundespersonalvertretungsgesetz (entsprechend § 100 Nr.2 PersVG Baden-Württemberg für den SWR). Das setz aber immer voraus, dass diese Personen nicht in Wirklichkeit dauerhaft eingesetzte Arbeitnehmer sind, also keine Scheinselbstständigen. Für solche Personen ist der Personalrat trotz der Ausschluss-Klauseln zuständig!

In § 80 Abs. 2 S. 1 BetrVG ist eine Pflicht des Arbeitgebers zur Unterrichtung des Betriebsrates über die Beschäftigung auch von Personen vorgesehen, die nicht in einem Arbeitsverhältnis stehen. Diese Regelung gibt dem Betriebsrat das Recht zur Einsichtnahme in alle Verträge mit „freien Mitarbeitern" und kann dazu dienen, durch Befragung o. ä. den Arbeitnehmerstatus von Mitarbeitern festzustellen.

Im Betriebsverfassungsgesetz ist ansonsten in § 80 Abs.1 Nr.1 lediglich geregelt, dass der Betriebsrat die für Arbeitnehmer geltenden Tarifverträge überwacht (bzw. § 68 Absatz 1 Nr. 2 BPersVG). Betriebsräte können sich auf diese und andere Vorschriften stützen, wenn sie auch etwas für die „echten" Freien tun wollen. Sie können sich für die Einhaltung von Tarifverträgen für arbeitnehmerähnliche freie Mitarbeiter einsetzen und eine angemessene Honorierung vom Arbeitgeber verlangen.

Hintergrund: § 80 Betriebsverfassungsgesetz muss neu interpretiert werden in Hinblick auf die Tatsache, dass der Gesetzgeber die Figur des arbeitnehmerähnlichen freien Mitarbeiters geschaffen hat. Da der Gesetzgeber hier tarifvertragliche Regelungen zulässt und gleichzeitig auch einen gesetzlichen Urlaubsanspruch im Bundesurlaubsgesetz anerkannt hat, ist klar, dass sich die Kontrollaufgabe des Betriebsrates auch auf Anwendung der Tarifverträge und Arbeitsbedingungen von freien Mitarbeitern erstreckt.

Eine weitere Rechtsgrundlage sind § 80 Betriebsverfassungsgesetz Absatz 1 Nr. 2 und § 68 Absatz 1 Nr. 1 BPersVG (entsprechende §§ in den LPersV-Gen): „Der Betriebsrat hat die Aufgabe, Maßnahmen, die dem Betrieb oder der Belegschaft dienen, beim Arbeitgeber zu beantragen". Außerdem hat er nach § 80 Absatz 1 Nr. 4 Betriebsverfassungsgesetz und § 68 Abs. 1 Nr. 4 BPersVG „die Eingliederung ... besonders schutzbedürftiger Personen zu fördern..." Durch faire Bezahlung können gute freie Mitarbeiter an den Betrieb gebunden werden. Das dient dem Betrieb – und zugleich wird es langfristig möglich, diesen besonders schützenswerten Personenkreis in den Betrieb einzugliedern. Und dass freie Journalisten zu einem schützenswerten Personenkreis gehören – das hat der Gesetzgeber schon durch ihre Einbeziehung in das Künstlersozialversicherungsgesetz unterstrichen.

☛ *Thema Betriebsrat: DJV-Broschüre „Betriebsrat in den Medien"*

Werbe-Weisheiten:

Wer nicht wirbt, der stirbt.

Die Datenbank für Freie.

Ihre kostenlose Präsenz im Internet.

Jetzt anmelden.
Einfach eine E-Mail an pas@djv.de schicken

XVIII. Sozialversicherung – ein schlechtes Geschäft?

1. Gesetzliche und private Absicherung im Vergleich

„Die gesetzliche Krankenversicherung ist teuer und ineffizient, die Rentenversicherung eine unrentable Geldanlage. Wer frei arbeitet, soll sich zu minimalen Beiträgen privat versichern und mit dem Gesparten an der Börse spekulieren!" Argumente gegen die gesetzliche Sozialversicherung: Ein Heer von Versicherungs-, Anlage- und Steuerberatern steht dafür bereit, bei vielen Wirtschaftszeitungen und -magazinen ist dies ein wesentlicher Teil des publizistischen Credos.

„Freie haben den Vorteil, dass sie keine Sozialversicherungsabzüge und Lohnsteuer hinnehmen müssen, sondern alles komplett ausgezahlt erhalten!", diese Argumentation ist auch bei vielen freien Journalisten zu hören. Diese Ansicht muss nicht erstaunen, wenn inzwischen selbst führende Politiker die gesetzliche Sozialversicherung offen angreifen.

Die Sozialversicherung – ein schlechtes Geschäft? Eine private Absicherung ist für die meisten Freien keine wirkliche Alternative zur gesetzlichen Sozialversicherung. Gerade im Alter, wenn Freie weniger Aufträge hereinholen können, explodieren die Kosten für die private Kranken- und Pflegeversicherung. Bei der gesetzlichen Kranken- und Pflegeversicherung dagegen ist der Versicherungsschutz einkommensabhängig: Wird wenig verdient, ist auch wenig Beitrag zu leisten. Gleiches gilt bei Freien, die Familie haben: Im Erziehungsurlaub („Elternzeit") beispielsweise besteht der Krankenversicherungsschutz auch ohne Beitragszahlung.

Günstige Einstiegspreise bei privaten Versicherungen beruhen zudem darauf, dass das Angebot der gesetzlichen Kassen nur teilweise garantiert wird. Gerade beim Krankengeld gibt es im privaten Versicherungsschutz häufig erhebliche Lücken. So finanziert die gesetzliche Krankenkasse über das Krankengeld beispielsweise den halben Beitrag für die Rentenversicherung während der Krankheit. Dadurch führt eine längere Krankheit nicht zu Ausfallzeiten beim Rentenanspruch.

Auch eine einseitige private Altersabsicherung kann erhebliche Nachteile für die Versicherten zur Folge haben. Viele so genannte „Renditevergleiche" zwischen gesetzlicher und privater Rentenversicherung unterschlagen wesentliche Zusatzleistungen der gesetzlichen Rentenversicherung. Denn diese begnügt sich nicht mit einer reinen Altersrentenzahlung, sondern umfasst auch die Erwerbsminderungsrente, Leistungen zur beruflichen Wiedereingliederung nach einer Erwerbsminderung sowie Hinterbliebenenrenten. Wichtig ebenfalls: Im Falle des Rentenbezugs finanziert die

Rentenversicherung auch die Hälfte der Beiträge für die gesetzliche Krankenversicherung der Rentner. Wer erwerbsgemindert ist, erhält ebenfalls den entsprechenden Beitragszuschuss.

Die gesetzliche Rentenversicherung ist auch nicht wählerisch: Sie muss jeden als „Kunden" akzeptieren, der journalistisch arbeitet. Private Versicherungen schließen dagegen Personen mit bestimmten Vorerkrankungen kategorisch aus: Wer z.B. Hautkrebs hatte, wird Mühe haben, eine private Absicherung zu finden.

Hinzu kommt: Wer Ausfallzeiten hat, eben wegen Krankheit oder Arbeitslosigkeit, wird in der Sozialversicherung beitragsfrei gestellt, wobei die jeweilig zuständige gesetzliche Versicherung meist die anspruchssteigernden Einzahlungen übernimmt. So zahlt die Arbeitslosenversicherung beispielsweise rentensteigernde Beiträge an die BfA. Bei privaten Versicherungen ist eine Beitragsfreiheit bzw. -übernahme häufig nicht möglich, z.B. bei der privaten Krankenversicherung. Ausfallzeiten führen zudem bei der privaten Altersabsicherung häufig zu erheblichen Renditeverlusten.

Ein weiteres Risiko der privaten Absicherung ist die Unsicherheit an den Börsen. Langfristige Aussagen über die Wertentwicklungen an den Börsen sind reine Spekulation, derzeitige Renditeprognosen eher zu optimistisch, da sie die Wirtschaftsentwicklung durch die rosige Brille der Hausse der 90er Jahre sehen. Zudem ist es selbst in der Hausse-Periode in den USA und Japan wiederholt zu Pleiten großer Pensionsfonds gekommen. Ältere DJV-Mitglieder erinnern zu Recht daran, dass es allein die gesetzliche Rente war, die nach dem 2. Weltkrieg vielen Älteren das Überleben sicherte, während die privaten Anlagen verloren gingen.

„Im Jahr 2030 muss ein Arbeitnehmer zwei Rentner finanzieren!" Gegner der gesetzlichen Rentenversicherung führen häufig die Bevölkerungsentwicklung ins Spiel. Wegen der Zunahme der Rentnerzahl müssen nach dieser Vorstellung die Rentenzahlungen zwangsläufig eingeschränkt werden, so dass ein ausreichendes Rentenniveau unmöglich werde. Doch die reine Demographie hilft hier kaum weiter. Einerseits könnte das heutige Rentenniveau selbst nach Schätzungen der Bundesregierung im Jahre 2030 bei etwa 24% Rentenbeitrag gehalten werden – also nur 3 Prozent mehr als im Jahre 1998. Andererseits wird von der Bundesregierung erwartet, dass wegen der geringeren Zahl der Jungen die Arbeitslosenquote im Jahr 2030 sehr gering sein wird und dadurch die Arbeitslosenversicherungsbeiträge stark sinken – Folge: Die 3 Prozent mehr für die Rentenversicherung können aus den Einsparungen für die Arbeitslosenversicherung finanziert werden.

Die tagtägliche Beratungspraxis zeigt: Die gesetzliche Sozialversicherung ist für die meisten Freien die einzige verlässliche Absicherung im Leben. Eine private Altersvorsorge kann für sie immer nur das Sahnehäubchen sein, nicht aber der Grundstock der sozialen Absicherung.

Klar ist allerdings auch: Wenn die Politik die Leistungen der Sozialversicherung immer weiter einschränkt, schwindet die Legitimität des Gesamtsystems. Bewusste Scheinselbstständigkeit wäre dann eine legitime Notwehr von Personen, die einem sinnlosen Abgabensystem entkommen wollen. Von der Politik ist daher ein intelligenter Umbau des Sozialversicherungssystems zu fordern, der das jetzige Leistungsniveau nicht nur beibehält, sondern steigert.

2. Allgemeine Sozialversicherung oder Künstlersozialkasse?

Gerade im Rundfunkbereich werden viele Freie zu Sozialversicherungsbeiträgen herangezogen. Auch hier ist die Kritik groß, weil die meisten Freien die Versicherung in der Künstlersozialkasse bevorzugen. Hauptgrund hierfür ist die Ansicht, dass die KSK günstiger sei als eine direkte Versicherung über den Sender.

Doch bei der Versicherung über die KSK fehlt vieles: Krankengeld gibt es bei Beschäftigten ab dem ersten Krankheitstag – selbst, wenn der Arbeitgeber sie arbeitsrechtlich weiterhin als Freie behandelt. Bei der KSK ist dies im Regelfall erst ab der 7. Woche möglich. Beantragt man vorgezogenes Krankengeld ab dem 15. Kalendertag, so muss man den hierfür notwendigen höheren Versicherungsbeitrag vollkommen alleine tragen.

Außerdem trägt der Arbeitgeber von allgemein Sozialversicherten allein die Kosten für die gesetzliche Unfallversicherung, die bei Arbeitsunfällen einspringt und Unfallgeld zahlt. Freie Journalisten sind dagegen nicht pflichtversichert in der Unfallversicherung. Nur freie Fotojournalisten sind pflichtversichert, müssen allerdings die Kosten hierfür alleine tragen.

Andererseits sind die Beiträge bei der KSK fast genauso hoch wie bei der Versicherung über den Sender: Wer vom Arbeitgeber als sozialversicherungspflichtig eingestuft wird, zahlt effektiv etwa 19 Prozent Arbeitnehmeranteil vom Honorar in die Sozialversicherung. Den Rest zahlt der Arbeitgeber. Außerdem trägt der Arbeitgeber die kompletten Kosten für die Unfallversicherung.

Wer dagegen als frei gilt, zahlt etwa 16 Prozent vom Honorar an die Künstlersozialkasse – die fehlenden 3 Prozent gegenüber den Direktversicherten kommen daher, dass die Freien keine Arbeitslosenversicherung haben. Allerdings ist ein der Arbeitslosenversicherung vergleichbarer Schutz auf dem freien Markt praktisch nicht zu finanzieren, d.h. diese Ersparnis bringt keine Vorteile.

„Rechnung stimmt so nicht", wissen allerdings viele Freie, „ich zahle doch keine 16 Prozent an die KSK!". Das ist auch zutreffend – viele Freie melden an die KSK ein Arbeitseinkommen, das erheblich unter dem reell Erwirtschafteten liegt. Das ist zwar rechtswidrig, kann von der KSK aber nur in Einzelfällen aufgedeckt werden.

Der Vorteil einer Niedrigmeldung: Es gibt die gesetzliche Krankenversicherung quasi zum Nulltarif. Wer beispielsweise 10.000 Mark Arbeitseinkommen meldet, kann eine beliebig große Familie mit lediglich 190 Mark im Monat krankenversichern. Obwohl dies – wie gesagt – rechtswidrig ist.

Doch die Niedrigmeldung hat auch erhebliche Nachteile: Wer wenig einzahlt, bekommt bei Krankheit ein äußerst geringes Krankentagegeld – und das trotz weiterlaufender Kosten für Miete und Lebensunterhalt. Auch in sonstigen persönlichen Krisenfällen sieht es kritisch aus, so kommt es bei Niedrigmeldern nur zu einer äußerst geringen Erwerbsminderungsrente, zu minimalen Übergangsgeldern im Falle beruflicher Rehabilitation und natürlich einer sehr kargen Altersrente. Auch die Hinterbliebenenrente ist dann keiner Rede wert.

Selbstverständlich ist die Künstlersozialkasse immer noch besser als eine rein private Absicherung. Denn auf jedè Mark, die Freie über die KSK in die gesetzliche Rentenversicherung einzahlen, legt die KSK eine Mark drauf. Eine solche automatische „Rendite" kann kein seriöser privater Anlageberater garantieren, wissen Experten.

Wer sich für die gesetzliche Rente einsetzt, muss übrigens kein Gegner der privaten Vorsorge sein: Der DJV und ver.di sind selbst Gesellschafter des Presseversorgungswerks, das für festangestellte und freie Journalisten maßgeschneiderte Altersversorgungsverträge anbietet. Auch bei der neuen „Riester-Rente", deren Zuschüsse alle Freien in Anspruch nehmen können, bieten die Gewerkschaften wichtige Beratungshilfen. Denn schon heute reicht die gesetzliche Rente – bei allen Vorteilen – nur als Grundstock. Die wirkliche Lebensqualität im Alter beginnt erst mit dem privat Angesparten: Auf den richtigen Mix kommt es an, und der darf nicht einseitig sein.

☛ *Internet: DJV-Handreichung: Die Künstlersozialkasse – eine soziale Absicherung für Rundfunk-Freie?, www.djv.de/freie/download.html*

XIX. Freien-Pauschalen: Was ist wichtig?

1. Vorteile für beide Seiten

Wer frei arbeitet, wird nicht selten per Monats-Pauschale bezahlt. Vorteil für Auftraggeber: Der finanzielle Rahmen ist klar, aufwendige Dokumentationen und Abrechnungen entfallen. Vorteil für den freien Mitarbeiter: Er kann längerfristig kalkulieren, muss nicht jeden Arbeitsgang in Rechnungen aufführen und erspart sich Diskussionen über Abrechnungen.

2. Selbstständigkeit

Auftraggeber und Freie sollten zunächst prüfen, ob ihre feste Zusammenarbeit nicht als Arbeitsverhältnis anzusehen ist. Wer als Auftraggeber alle Mitarbeiter ungeprüft zu Pauschalisten erklärt, riskiert kostspielige juristische Auseinandersetzungen mit Sozialversicherungsträgern, Finanzbehörden und auch den „falschen" Freien selbst.

Arbeitsverträge haben für Auftraggeber sogar Vorteile: Mitarbeiter können besser ans Haus gebunden werden, die zusätzliche soziale Sicherheit sorgt für mehr Motivation und Loyalität.

3. Schriftlicher Vertrag hilfreich

Ein schriftlicher Pauschalistenvertrag ist in jedem Fall zu empfehlen. Zwar richten sich Arbeitsgerichte und Behörden bei der Beurteilung des Vertragsverhältnisses im Zweifel stets nach den tatsächlichen Umständen der Beschäftigung, jedoch kann ein gut ausgearbeiteter Pauschalistenvertrag gerade dazu führen, dass beiden Seiten klar ist, unter welchen Voraussetzungen eine Selbstständigkeit vorliegt – und was sie daher machen bzw. lassen müssen.

4. Recht auf Arbeit für andere

Selbstständigkeit bedeutet, dass der freie Mitarbeit das Recht hat, auch für andere Auftraggeber tätig zu werden. Dieses Recht sollte ausdrücklich im Pauschalistenvertrag festgehalten werden.

Außerdem muss der freie Mitarbeiter die Möglichkeit haben, dieses Recht auch praktisch zu nutzen. Wer feste, vorgeschriebene Arbeitszeiten hat oder zur Büropräsenz verpflichtet ist, kann meist praktisch für niemand anderen arbeiten. Daher sollte auch bei der praktischen Durchführung des

Auftrags darauf geachtet werden, dass der Mitarbeiter seine Arbeitszeit und den Tätigkeitsort weitestgehend selbstständig bestimmen kann.

5. Urheberrecht: Mehrfachverwertung muss möglich sein

Die Selbstständigkeit muss auch in den Regelungen über das Urheberrecht zum Ausdruck kommen. Wer alle Rechte an seinen Texten und Fotos an seinen Auftraggeber abzutreten hat, kann oft nicht mehr für andere tätig werden. Daher muss der Auftraggeber dem freien Mitarbeiter das Recht lassen, die gleichen Texte oder Fotos in anderen Medien uneingeschränkt zu verwerten.

6. Recht zum Einsatz von Vertretern

Die Selbstständigkeit kommt auch dadurch zum Ausdruck, dass der freie Mitarbeiter auch geeignete Vertreter zur Auftragserbringung einsetzen kann. Daher sollte der Pauschalistenvertrag festgeschrieben werden, dass der freie Mitarbeiter Vertreter auch ohne Zustimmung des Auftraggebers einsetzen kann, wenn die notwendige Qualifikation vorhanden ist.

7. Keine Haftungsklauseln für Sozialversicherung und Steuern

Regelungen hinsichtlich der Sozialversicherung gehören nicht in den Vertrag. Die Frage, ob der freie Mitarbeiter in der Künstlersozialkasse Mitglied oder aber Arbeitnehmer ist, kann nicht vertraglich vereinbart werden, weil sich dies nach gesetzlichen Vorschriften regelt. Auch Regelungen, dass der Auftragnehmer im Falle einer Einstufung als Arbeitnehmer alle sich hieraus ergebenden Belastungen trägt bzw. einem Versicherungspflicht-Verzicht zustimmt, sind unzulässig und zu vermeiden. Vielmehr sind Regelungen zu empfehlen, dass der Auftraggeber selbst für die Prüfung des Status zuständig ist und keine Rückforderungen gegenüber dem Mitarbeiter erhebt, wenn sich später herausstellt, dass keine Selbstständigkeit vorlag.

8. Regelmäßige Überprüfung

Der Arbeitgeber sollte regelmäßig prüfen, ob sich die einzelnen Redaktionen auch in der Praxis an die vertraglichen Vorgaben halten, d.h. ob sie den Mitarbeiter nicht doch Redaktionsdienste einbinden und ihm keinen Freiraum lassen. Dadurch kann er vermeiden, dass nicht hinter seinem Rücken zahlreiche Scheinselbstständige beschäftigt werden und ihm dies nach den Grundsätzen der „Duldungs- bzw. Anscheinsvollmacht" zugerechnet wird.

☞ *DJV-Musterverträge unter www.djv.de/freie/download.html*

XX. Forderungen an den Gesetzgeber

Die wachsende Zahl von Scheinselbstständigen im Medienbereich ist kein schicksalshafter Trend. Zwar macht die technische Entwicklung extreme Optionen des Outsourcing möglich, gleichzeitig sorgt das gleichfalls vorhandene unternehmerische Bedürfnis nach Arbeitsverdichtung und Rationalisierung immer wieder dafür, dass outgesourcte Mitarbeiter in persönliche Abhängigkeit geraten und damit als Arbeitnehmer anzusehen sind.

Scheinselbstständigkeit beruht auf dem Versagen der Politik, soziale Sicherheit für abhängig Beschäftigte mit zeitgemäßer Konsequenz durchzusetzen: Die Turbowirtschaft des Internetzeitalters braucht ein Sozialsystem mit Hochgeschwindigkeit.

Daher ist die Beschleunigung der Klageverfahren in allen Gerichtszweigen zu fordern, in denen Scheinselbstständigkeit eine Rolle spielt. Weiterhin die Einführung einer Vermutungsregelung für das Arbeits- und Steuerrecht, die für den Arbeitnehmerstatus spricht. Weiterhin muss die vorläufige Durchsetzung des Arbeitnehmerstatus im Verfügungswege möglich werden, sowohl im Arbeits- als auch Sozialversicherungsrecht.

Außerdem ist die Aufhebung der 1999/2000 verabschiedeten Gesetze notwendig, die eine aufschiebende Wirkung von Widersprüchen gegen Feststellungsbescheide der Sozialversicherung vorsehen. Weiterhin ist die Abschaffung der Regelungen zum „Versicherungspflicht-Verzicht" erforderlich, außerdem die Einschränkung der Mithaftung für Scheinselbstständige hinsichtlich vom Arbeitgeber nicht abgeführter Sozialversicherungsbeiträge.

Zudem ist die explizite Ausweitung der Zuständigkeit der Betriebs-/Personalräte auf freie Mitarbeiter und eine Beschleunigung des arbeitsgerichtlichen Beschlussverfahrens erforderlich. Notwendig ist auch die Abschaffung der Limitierungen („Prognose-Tage") im öffentlich-rechtlichen Rundfunk und die Beseitigung der Einstufung als unständig Beschäftigte zugunsten einer Einstufung als ständige Mitarbeiter mit entsprechendem Sozialversicherungsschutz.

Außerdem ist eine Kompetenzausweitung der staatlichen Prüfer von Sozialversicherung und Finanzamt notwendig. Sie sollten den arbeitsrechtlichen Arbeitnehmerstatus von Mitarbeitern amtlich feststellen dürfen. Alternativ sollte das jeweilige Arbeitsschutzamt für die Durchsetzung des Arbeitnehmerstatus zuständig werden.

Weiterhin sind gesetzliche Maßnahmen zur Verbesserung der sozialen Lage der echten Freien erforderlich. Das Leistungsspektrum der Künstlersozialkasse muss ausgebaut werden. Dazu gehören Krankengeldleistungen ab dem ersten Krankheitstag, die Einführung eines Systems der Arbeitslosen-

und Unfallversicherung, an denen sich die KSK zur Hälfte beteiligt. Außerdem ist die Förderung einer zusätzlichen privaten Altersvorsorge über die Künstlersozialkasse notwendig. Zu den entscheidenden gesetzlichen Maßnahmen gehört aber auch die Reform des Urheberrechts, um den freien Journalisten einen Anspruch auf angemessene Vergütung für die Nutzung ihrer Beiträge zu geben.

Entscheidend ist schließlich ein intelligenter Ausbau des bestehenden Sozialversicherungssystems der Beschäftigten. Nur wenn dessen Leistungen gemessen an den Kosten überzeugen, besteht für die Beschäftigten ein Grund, sich mit aller Kraft für ihre zutreffende Einstufung einzusetzen.

XXI. Musterfragebogen

– An den DJV zur Überprüfung schicken (nur für Mitglieder) –

1. Seit wann bei Firma X beschäftigt? _____

2. Dauer/Häufigkeit der Beschäftigung täglich _____ Stundenzahl im Durchschnitt _____ täglich/wöchentlich/monatlich
   Längere Unterbrechungen?_____

3. Sind Sie mit bestimmten Aufgaben betreut? ja _____ nein _____
   Wenn ja, in welchem Bereich? _____

4. Haben Sie einen festen Arbeitsplatz? _____

5. Haben Sie einen Vertrag als Angestellter? _____
   Wenn nein, gibt es einen schriftlichen Vertrag? _____

6. Arbeiten an Ihrem Arbeitsplatz bzw. an vergleichbaren Arbeitsplätzen der Firma X andere bzw. Beschäftigte mit Angestelltenvertrag? _____
   Wenn ja, wer? _____

7. a) Arbeiten Sie nach festen, im Voraus festgelegten Dienstplänen? _____

   b) – Sofern Sie nicht nach festen, im Voraus festgelegten Dienstplänen arbeiten: Gehören Sie zu einem Kreis von Mitarbeitern, die regelmäßig eingesetzt werden und deren Einsatz stillschweigend erwartet wird? _____

– Besteht dieser Mitarbeiter-Pool dauernd oder nur ausnahmsweise? _____

– Ist die Anzahl der Pool-Mitarbeiter größer als die der Festangestellten? _____

8. Werden Sie regelmäßig eingesetzt? _____

9. Werden Sie zu Sonntags- und Urlaubsvertretungen von Festangestellten eingesetzt? _____

10. Werden Sie für Dienste (Redaktionsdienste tage-/schichtweise)
eingesetzt?_____

11. Können Sie Einsätze (z.B. am Sonntag) sanktionslos ablehnen?

_____

Ist das Recht zur Ablehnung schriftlich vereinbart?_____
Besteht es in der Praxis? _____
Haben Sie jemals einen Auftrag abgelehnt?_____
Können Sie Aufträge ablehnen, da Sie für andere Auftraggeber
tätig werden wollen? _____

12. Müssen Sie an bestimmten Arbeits-/Redaktionskonferenzen
teilnehmen?_____

13. Müssen Sie Anweisungen hinsichtlich Zeit, Ort und Inhalt Ihrer
Tätigkeit für Firma X beachten? _____

14. Können Sie Zeit, Ort und Inhalt Ihrer Tätigkeit weitestgehend frei
bestimmen? _____

15. Gehen Sie außerhalb von Firma X einer Tätigkeit für andere Auftraggeber/Arbeitgeber nach? _____

16. Haben Sie Ihren Urlaub nach den Bedürfnissen der Firma X auszurichten? _____

17. Führt eigenständige Wahl des Urlaubsdatums ohne vorherige Genehmigung durch Firma X zu Problemen? _____

18. Nutzen Sie für die Fertigstellung Ihrer Text- und Fotoarbeiten Anlagen, PCs, Labor oder Materialien der Redaktion/des Auftraggebers/mit ihm zusammenhängender Dritter? _____

19. Arbeiten Sie kontinuierlich eng mit anderen Angestellten der Firma X zusammen? _____

20. Sind diese Angestellten Ihnen gegenüber weisungsberechtigt? _____

21. Sind Sie gegenüber Angestellten der Firma X weisungsberechtigt? _____

22. Welchen Anteil an Ihren Einkünften macht der Verdienst aus der Tätigkeit aus (in Prozent)? _____

23. Haben Sie eigene versicherungspflichtige Arbeitnehmer angestellt? _____

24. Haben Sie die gleiche Tätigkeit für Ihren Auftraggeber früher auch einmal als dessen Arbeitnehmer ausgeübt? _____

XXII. Für eilige Leser:
Wie werde ich Arbeitnehmer?

1. Sammeln Sie systematisch alle denkbaren Belege für den Arbeitnehmerstatus. Dazu gehören z.b. Dienstpläne, Dienstanweisungen, Protokolle von Redaktionskonferenzen und anderen dienstlichen Veranstaltungen, Kopien von Telefonverzeichnissen.

2. Erhalten Sie Dienstanweisungen in mündlicher Form, so sollten Sie darüber tagebuchartig Gesprächsvermerke fertigen, z.B. nach dem Muster: „1.August 1999. Kollegin X beschwert sich über mein spätes Erscheinen in der Reaktion und weist mich an, jeweils um 10 Uhr an den Redaktionskonferenzen teilzunehmen. Ansonsten könne ich den Job vergessen." Auch ein Foto von der Arbeitsstelle, vorzugsweise im Kollegenkreis, kann hilfreich sein.

3. Notieren Sie die Namen und Adressen ihrer Kollegen und solcher Mitarbeiter, die eine ähnliche Arbeit ausüben, im Gegensatz zu Ihnen allerdings angestellt sind.

4. Nehmen Sie frühzeitig Kontakt mit Ihrer Gewerkschaft auf und lassen Sie sich juristisch beraten.

5. Kontaktieren Sie nach Beratung durch die Gewerkschaft den Betriebs-/Personalrat zwecks Durchführung eines Eingruppierungsverfahren.

6. Lassen Sie sich während des laufenden Verfahrens nicht in Drucksituationen bringen und unterschreiben Sie keinerlei Erklärungen ohne vorherige juristische Beratung. Verlangen Sie vor Gesprächen mit der Geschäftsführung die Beiziehung des Betriebs-/Personalrats.

XXIII. Für eilige Leser: Wie ist echte freie Mitarbeit möglich?

1. Freie Mitarbeit sollte nie in den Räumen bzw. dem Betrieb des Auftraggebers erfolgen, allenfalls ist eine Anwesenheit für kurze Besprechungen/Termine (nicht mehr als drei Stunden pro Woche) denkbar.

2. Der freie Mitarbeiter sollte auch für andere Auftraggeber arbeiten. Daher muss ihm das Recht eingeräumt werden:
a) seine Texte/Fotos/Filmarbeiten anderweitig zu verwerten, auch wenn sie inhaltsgleich mit Arbeiten für den Auftraggebers sind bzw. bei der Wahrnehmung von Terminen für ihn erstellt wurden; Exklusivität nur in Ausnahmefällen und mit besonders verhandelter Vergütung,
b) sanktionslos Aufträge abzulehnen, weil für einen anderen Auftraggeber gearbeitet wird.

3. Der freie Mitarbeiter darf nicht fest eingeplant werden, d.h.
a) er darf sanktionslos Aufträge ohne Angabe von Gründen ablehnen,
b) er darf seine eigenen zeitlichen Maßstäbe einbringen bzw. verhandeln,
c) er kann seinen Urlaub/Abwesenheit selbst planen und festsetzen.

4. Der freie Mitarbeiter darf nicht in ein festes Honorarschema gepresst werden, d.h.
a) es finden regelmäßig Verhandlungen über die Honorarhöhe statt,
b) er darf sanktionslos Aufträge ablehnen, weil das Honorar nicht stimmt.

5. Der freie Mitarbeiter kann sein journalistisches Unternehmen selbst bestimmen, d.h.
a) er entscheidet selbst über Ort und Ausstattung seines Büros,
b) er muss Aufträge nicht selbst erbringen, sondern kann auch dritte Personen einschalten.

6. Der freie Mitarbeiter sollte Mitglied der Künstlersozialkasse (KSK) sein und der KSK die konkrete Art und Weise der Beschäftigung bekannt sein.

7. Die Bedingungen für die freie Mitarbeit sollten in einem schriftlichem Vertrag festgehalten werden.

8. Die festangestellten Redakteure müssen regelmäßig über Art und Weise der Beschäftigung freier Mitarbeiter gebrieft werden, insbesondere auf die vorstehenden Punkte aufmerksam gemacht werden.

9. Der Betriebs-/Personalrat der Firma sollte über die Art und Weise der Mitarbeit informiert und um Stellungnahme gebeten werden.

10. Soweit Zweifel an der Selbstständigkeit bestehen, sollte die KSK bzw. die Clearingstelle der Bundesversicherunganstalt für Angestellte um Auskunft gebeten werden.

Sozialversicherung: Rechengrößen 2002
(Aktuelle Werte unter www.bma.de oder www.vdak.de/arbeitgeber.htm)

	West/€	Ost/€
Bezugsgröße		
jährlich	28.140	23.520
monatlich	2.345	1.960
Beitragsbemessungsgrenzen **Kranken- und Pflegeversicherung**		
jährlich	40.500	40.500
monatlich	3.375	3.375
Beitragsbemessungsgrenzen **Renten- und Arbeitslosenversicherung**		
jährlich	54.000	45.000
monatlich	4.500	3.750
Geringfügigkeitsgrenze		
monatlich	325	325
Mindesteinkommen für **KSK-Mitgliedschaft** (ausgenommen: Berufsanfänger für drei Jahre und langjährig Versicherte für zwei Jahre innerhalb von sechs Jahren)		
monatlich	325	325

XIV. Wichtige Ansprechpartner für Scheinselbstständige und echte Freie

1. DJV-Mitglieder: DJV-Landesgeschäftsstelle

Der DJV-Landesverband ist zuständig für Rechtsberatung und Rechtsschutz von Mitgliedern. Kosten von externen Rechtsanwälten kann der DJV-Landesverband in der Regel nicht übernehmen, weil er die Fälle entweder durch das eigene Justitiariat bearbeitet oder mit Vertragsanwälten zusammen arbeitet.

Wichtig: Voraussetzung für den Rechtsschutz ist in der Regel eine Mitgliedschaft von mindestens 3 Monaten. Weiterhin ist eine satzungsgemäße Beitragszahlung notwendig, d.h. soweit der Landesverband die Beiträge einkommensorientiert erhebt, müssen die Angaben zum Einkommen auch zutreffend gewesen sein. Rechtsschutz wird nur gewährt, wenn der Landesvorstand eine Erfolgsaussicht sieht. Ein juristisch einklagbarer Anspruch auf Rechtsschutz besteht nicht.

☛ *Internet, Adressen DJV-Landesverbände, www.djv.de/kontakt*

2. DJV-Mitglieder: DJV-Bundesgeschäftsstelle / DJV-Homepage

Die DJV-Bundesgeschäftsstelle gibt DJV-Mitgliedern Auskunft zu allen Fragen rund um das Thema Scheinselbstständigkeit. Wenn der DJV-Landesverband nicht erreichbar ist, können hier kurzfristig Informationen abgerufen werden. Auf den DJV-Internetseiten sind weitere Informationen zu finden.

☛ *DJV-Bundesgeschäftsstelle, Referat Freie, Bennauerstraße 60, 53115 Bonn, Tel. 0228/2 01 72 18, Fax: 0228/24 15 98, hir@djv.de, www.djv.de/freie*

3. Mitglieder von ver.di: Landesbezirke

Die Rechtsberatung von ver.di-Mitgliedern erfolgt zunächst durch den zuständigen Landesbezirk von ver.di. Kosten von vorher selbstständig zu Rat gezogenen Rechtsanwälten werden nicht übernommen. Voraussetzung ist eine Mitgliedschaft von mindestens drei Monaten. Nach einer ersten Rechtsberatung wird bei Erfolgsaussicht die DGB-Rechtsschutz GmbH eingeschaltet. Die vorherige satzungsgemäße Beitragszahlung ist Voraussetzung. Ein Rechtsanspruch auf Rechtsschutz besteht nicht.

Wichtig: Wegen des derzeit ablaufenden Vereinigungsprozesses von ver.di kommt es möglicherweise zu Änderungen von Ansprechpartnern im Rechtsschutz bzw. zu Adressänderungen.

☞ *ver.di – Vereinte Dienstleistungsgewerkschaft, Fachbereich 8, Potsdamer Platz 10, 10785 Berlin, Tel. 030/6 95 60, Fax 030/69 56 39 56, www.verdi.de*

4. Mitglieder von ver.di: mediafon

Mitglieder von ver.di können bundesweit über den ver.di-Beratungsdienst mediafon Auskunft erhalten. Auch auf den Internetseiten finden sich Informationen zum Thema Scheinselbstständigkeit.

☞ *mediafon, Postfach 10 24 51, 70020 Stuttgart, Tel. 0 18 05 / 75 44 44, info@mediafon.net, www.mediafon.net*

5. Arbeitsgericht

Das Arbeitsgericht ist zuständig für eine Klage auf Festanstellung. Allerdings sollten Mitglieder ihre Klage nur über ihre Gewerkschaft einreichen, weil es hier in der Praxis viele juristische Tücken gibt. Nichtmitglieder sollten sich an Rechtsanwälte wenden (Fachgebiet: Arbeitsrecht).

6. Künstlersozialkasse (KSK)

Die KSK ist die Pflichtversicherung für alle Selbstständigen. Alle echten Selbstständigen haben sich dort zu melden. Bei der Künstlersozialkasse gibt es auch Informationsblätter zur Versicherungspflicht und zur Abgrenzung selbstständiger Tätigkeit von abhängiger Beschäftigung.

☞ *Künstlersozialkasse, bei der Bundesausführungsbehörde für Unfallversicherung, Langeoogstraße 12, 26384 Wilhelmshaven, Tel. 0 44 21 / 30 80, Fax: 0 44 21 / 30 82 00, www.kuenstlersozialkasse.de*

7. Clearingstelle

Die Clearingstelle der Bundesversicherungsanstalt für Angestellte entscheidet auf Antrag über den sozialversicherungsrechtlichen Status eines Mitarbeiters. Informationen zur Beurteilung des Status und Antragsformulare sind auch im Internetangebot der BfA abrufbar.

☞ *Clearingstelle der Bundesversicherungsanstalt für Angestellte, Ruhrstraße 2, 10709 Berlin, Tel. 030 / 8 65-1, Service-Telefon: 0800 / 3 33 19 19, Fax: 030 / 8 65-2 72 40, www.bfa-berlin.de*

8. Betriebsprüfdienste

Die jeweils zuständige Landesversicherungsanstalt (LVA) und Bundesversicherungsanstalt für Angestellte (BfA) prüfen mindestens alle vier Jahre in den Unternehmen, ob Sozialversicherungsbeiträge korrekt abgeführt werden. Außerdem gibt es „Überraschungs-Prüfungen", d.h. Ad-hoc-Prüfungen, wenn konkrete Hinweise auf Missbrauch vorliegen.

Wer Informationen über die Beschäftigung von Scheinselbstständigen hat, sollte die Betriebsprüfdienste hierüber möglichst detailliert informieren, d.h. unter Angabe der Namen der Betroffenen, Beschreibung ihrer Tätigkeiten, des Tätigkeitsorts, der Arbeitsweise, der Arbeitszeiten, der Vorgesetzten. Wichtig ist selbstverständlich die Angabe des Betriebs und des zuständigen Geschäftsführers.

Diese Informationen können den Betriebsprüfdiensten auch anonym zur Verfügung gestellt werden. Selbstverständlich werden sie natürlich ernster genommen, wenn sie namentlich unterzeichnet sind, da die Betriebsprüfdienste im Zweifelsfall Zeugen brauchen.

☞ *Betriebsprüfdienst der Bundesversicherungsanstalt für Angestellte, Ruhrstraße 2, 10709 Berlin, Tel. 030 / 8 65-1, Fax: 030 / 8 65-2 72 40, www.bfa-berlin.de*

☞ *Adressen der zuständigen Landesversicherungsanstalten: Auskunft über die BfA*

9. Verband Deutscher Rentenversicherungsträger

Der Verband Deutscher Rentenversicherung gibt verschiedene Informationsbroschüren zum Thema Rentenversicherung und Selbstständigkeit heraus. Sie können im Internetangebot des VDR online heruntergeladen werden.

☞ *Verband Deutscher Rentenversicherungsträger, Abteilung Presse- und Öffentlichkeitsarbeit, Eysseneckstraße 55, 60322 Frankfurt am Main, www.vdr.de*

10. Bundesministerium für Arbeit und Sozialordnung

Das Bundesministerium für Arbeit und Sozialordnung gibt zum Thema Scheinselbstständigkeit und allgemeine soziale Sicherheit verschiedene Broschüren heraus. Sie können auch online heruntergeladen werden.

☞ *Bundesministerium für Arbeit und Sozialordnung, Postfach 140280, 53107 Bonn, Telefon 018 88 527-0 oder (0228) 527-0, Fax 018 88 527-2965 oder (0228) 527-2965, E-Mail: info@bma.bund.de, www.bma.de*

Literatur

Jobst-Hubertus Bauer, Martin Diller, Doris-Maria Schuster,
Das Korrekturgesetz zur Scheinselbstständigkeit, NZA 1999, 1297

Peter Bengelsdorf, Die (neue) Scheinselbstständigkeit –
zur schwierigen Handhabung des § 7, IV SGB IV, NJW 1999, 1817

Joachim Berndt, Von der Scheinselbstständigkeit zur Förderung
der Selbstständigkeit, NJW 2000, 464

Norbert Besgen, Aufgedecktes Arbeitsverhältnis nach Scheinselbstän-
digkeit: Abwicklungsfragen (Sozialversicherung, Arbeitsrecht, Steuern), b
+ p 2000, 159

Dieter Bögenholdt, Ökonomische und soziale Faktoren der Arbeits-
beziehungen in kleineren und mittelgroßen Betrieben, AiB 2000, 89

Burkhard Boemke, Das Telearbeitsverhältnis, BB 2000, 147

Erhard Brandmüller, Joachim Zacher, Reiner Thielpape, Künstlersozial-
versicherungsgesetz, Kommentar, Verlag R.S. Schulz

Gerhard Buczko, Zur Rentenversicherungspflicht von Selbstständigen
mit einem Auftraggeber im Sinne von § 2 Satz 1 Nr. 9 SGB VI,
DAngVers 2000, 134

Goetz Buchholz, Ratgeber Freie, 5. Auflage 1998

Deutscher Journalisten-Verband (Herausgeber), Betriebsrat in den
Medien, 1997

Deutscher Journalisten-Verband (Herausgeber), Die Künstlersozialkasse
– eine soziale Absicherung für Rundfunk-Freie?, Handreichung, 2000

Deutscher Journalisten-Verband (Herausgeber),
Steuertipps für Journalisten, 8. Auflage 1999

Deutscher Journalisten-Verband (Herausgeber),
Von Beruf: Frei, Ratgeber für freie Journalisten, 2. Auflage 2001

Karla Fohrbeck, Andreas Johannes Wiesand, Frank Woltereck, Arbeitnehmer oder Unternehmer? Zur Rechtssituation in den Kulturberufen,
J. Schweitzer Verlag 1976

Hugo Finke, Wolfgang Brachmann, Willi Nordhausen, Künstlersozial-versicherungsgesetz, Kommentar, 2. Auflage 1992

Detlef Geisler, Erweiterte Befreiungsmöglichkeiten nach § 231 Abs. 5 SGB VI, DAngVers 2000, 138

Susanne Goretzki, Frank Homeister, Scheinselbstständigkeit – Rechtsfolgen im Sozialversicherungs-, Steuer- und Arbeitsrecht, BB 1999, 635

Dr. Hans Grüner, Gerhard Dalichau, Sozialgesetzbuch, Kommentar, Band II, Verlag R.S. Schulz (Loseblattsammlung)

Karl Hauck, Gerhard Sehnert, Sozialgesetzbuch, Kommentar, Erich Schmidt Verlag (Loseblattsammlung)

Reinhard Heinze, Einwirkungen des Sozialrechts ins Arbeitsrecht, NZA 2000, 5

Gerrick von Hoyningen-Huene, Arnim Pawietzka, Gesellschafter, „Scheingesellschafter" oder Arbeitnehmer?, NJW 2000, 3233

Hans Hungenberg, Jens Nommensen, Birgit Rehder, Jürgen Steffens u.a., Handbuch zum Sozialrecht, Sozialrecht in der Praxis, Luchterhand-Verlag (Loseblattsammlung)

Wolf Hunold, Die Rechtsprechung zu Statusfragen, NZA – RR 1999, 505

Uwe Lorenzen, Lothar Schmitt, Gerhard Etzel, Diethelm Gerhold, Arne Schlatmann, Heinrich Rehak, Personalvertretungsgesetz, Kommentar, R.v.Decker's Verlag (Loseblattsammlung)

Udo Mayer, „Freie Mitarbeiter im öffentlichen Dienst", Der Personalrat 2001, 9

Peter Niepalla, Statusklagen freier Mitarbeiter gegen Rundfunkanstalten, ZUM 1999, 353

Stefan Ory, Vom Kampf gegen die „Scheinselbstständigkeit" zur Förde-rung der Selbstständigkeit, AfP 2000, 143

Ekhard Pohle, Die Unterrichtung des Betriebsrats über die Beschäftigung von freien Mitarbeitern, BB 1999, 2401

Gerhard Reinecke, Der Kampf um die Arbeitnehmereigenschaft – prozessuale, materielle und taktische Probleme, NZA 1999, 729

Kerstin Reiserer, Der GmbH-Geschäftsführer in der Sozialversicherung – scheinselbstständiger, arbeitnehmerähnlicher oder freier Unternehmer?, BB 1999, 2026

Günter Schaub, Arbeitsrechtshandbuch, 9. Auflage 2000, C.H. Beck

Johannes Weberling, Mögliche Konsequenzen zur Bekämpfung des Gesetzes zur Bekämpfung der „Scheinselbstständigkeit" für den Medienbereich, AfP 1999, 236

Joachim und Michael Zacher, Soziale Sicherheit für Künstler und Publizisten, Soziale Sicherheit für Künstler und Publizisten, 1. Auflage 2000, Verlag R.S. Schulz Starnberg

Abkürzungen

AfP	Archiv für Presserecht, Zeitschrift
AiB	Arbeitsrecht im Betrieb, Zeitschrift
AP	Arbeitsrechtliche Praxis, Nachschlagewerk
BB	Betriebs-Berater, Zeitschrift
BAG	Bundesarbeitsgericht
BetrVG	Betriebsverfassungsgesetz
BfA	Bundesversicherungsanstalt für Angestellte
BGB	Bürgerliches Gesetzbuch
BGH	Bundesgerichtshof
b + p	Betrieb und Personal, Zeitschrift
BPersVG	Bundespersonalvertretungsgesetz
BVerwGE	Amtliche Sammlung der Entscheidungen des Bundesverwaltungsgerichts
DAngVers	Die Angestelltenversicherung, Zeitschrift
DJV-JURI	Juristische DJV-Datenbank
GbR	Gesellschaft bürgerlichen Rechts
KSK	Künstlersozialkasse
LAGE	Amtliche Entscheidungssammlung der Landesarbeitsgerichte
NJW	Neue Juristische Wochenschrift, Zeitschrift
NZA	Neue Zeitschrift für Arbeitsrecht, Zeitschrift
NZA-RR	Neue Zeitschrift für Arbeitsrecht, Rechtsprechungsreport, Zeitschrift
PersVG	Personalvertretungsgesetz
SGB	Sozialgesetzbuch
ZUM	Zeitschrift für Urheber- und Medienrecht

Index

Wenn Sie Mitglied im Deutschen Journalisten-Verband – Gewerkschaft der Journalistinnen und Journalisten –, der größten Journalistenorganisation in der Bundesrepublik, werden wollen, wenden Sie sich bitte an den für Sie zuständigen Landesverband. Die Adressen lauten:

DJV-Landesverb. Baden-Württemberg
Herdweg 63, 70174 Stuttgart,
Tel.: 07 11/2 22 49 54-0,
Fax: 07 11/2 22 49 54-44,
djv.bw@t-online.de, www.djv-bw.de

Bayerischer Journalisten-Verband
Seidlstraße 8, 80335 München,
Tel.: 0 89/54 50 41 80,
Fax: 0 89/5 45 04 18 18,
info@bjv.de, www.bjv.de

Journalisten-Verband Berlin
Lietzenburger Straße 77, 10719 Berlin,
Tel.: 0 30/88 91 30-0, Fax: 0 30/88 91 30 22,
JVBerlin@t-online.de, www.jvb.org

DJV-Landesverb. Brandenburg
Konrad-Wolf-Allee 1–3, 14480 Potsdam,
Tel.: 03 31/29 33 66, Fax: 03 31/29 35 11,
DJV-Brandenburg@t-online.de,
www.home.t-online.de/home/spewi

DJV-Landesverband Bremen
Schnoor 27/28, 28195 Bremen,
Tel.: 04 21/32 54 50, Fax: 04 21/3 37 81 20,
djvbremen@aol.com

DJV-Landesverband Hamburg
Rödingsmarkt 52, 20459 Hamburg,
Tel.: 0 40/36 97 10-0, Fax: 0 40/36 97 10-22,
DJVHamburg@aol.com

Hessischer Journalistenverband
Rheinbahnstraße 3, 65185 Wiesbaden,
Tel.: 06 11/3 41 91 24,
Fax : 06 11/3 41 91 30,
hjv@hjvonline.de, www.hjvonline.de

DJV-Landesverb. Meckl.-Vorpommern
Schusterstraße 3, 19055 Schwerin,
Tel.: 03 85/56 56 32, Fax: 03 85/5 50 83 89,
djv-mv@t-online.de, www.djv-mv.de

DJV-Landesverband Niedersachsen
Hinüberstraße 3, 30175 Hannover,
Tel.: 05 11/3 18 08 08, Fax: 05 11/3 18 08 44,
kontakt@djv-niedersachsen.de,
www.djv-niedersachsen.de

DJV-Landesverband NRW
Humboldtstraße 9, 40237 Düsseldorf,
Tel.: 02 11/23 39 90, Fax: 02 11/2 33 99 11,
zentrale@djv-nrw.de, www.djv-nrw.de

DJV-Landesverband Rheinland-Pfalz
Adam-Karrillon-Straße 17, 55118 Mainz,
Tel.: 0 61 31/97 75 75, Fax: 0 61 31/97 75 97,
djvrpl@aol.com, www.djv-rpl.de

Saarländischer Journalistenverband
St. Johanner Markt 5, 66111 Saarbrücken,
Tel.: 06 81/3 90 86 68, Fax: 06 81/3 90 86 56,
sjv@saarcom.de, www.saarcom.de/journal

DJV-Landesverband Sachsen
Hospitalstraße 4, 01097 Dresden,
Tel.: 03 51/2 52 74 64, Fax: 03 51/2 52 30 93,
djv-sachs@t-online.de, www.djv-sachsen.de

Journalistenverband Sachsen-Anhalt
Merseburger Straße 106, 06110 Halle,
Tel.: 03 45/21 21 90, Fax: 03 45/21 21 913,
buero@djv-sachsen-anhalt.de,
www.djv-sachsen-anhalt.de

Schleswig-Holsteinischer
Journalisten-Verband
Andreas-Gayk-Straße 7–11, 24103 Kiel,
Tel.: 04 31/9 58 86, Fax: 04 31/97 83 61,
shjv.kiel@t-online.de, www.shjv.de

DJV-Landesverband Thüringen
Anger 44, 99084 Erfurt,
Tel.: 03 61/5 66 05 29,
Fax: 03 61/5 62 69 39,
djvthuer@t-online.de, www.djv-thueringen.de